X

a)

27558

RADICOLOGIE

DE

LA LANGUE FRANÇAISE.

RADICOLOGIE

DE

LA LANGUE FRANÇAISE,

OU

Unique méthode d'avoir en peu de temps l'intelligence et l'orthographe véritable des mots,

Par C. LE COINTE,

DIRECTEUR DE L'ÉCOLE NORMALE-PRIMAIRE DE CHATEAUROUX,

Ouvrage revu et augmenté d'une préface,

Par PIERQUIN DE GEMBLOUX,

Inspecteur de l'Académie de Bourges.

—◦❈❈◦—

PRIX : 1 fr. 25 c. broché.

—◦❈❈◦—

CHATEAUROUX,

CHEZ LES PRINCIPAUX LIBRAIRES.

PARIS,

Chez HACHETTE, libraire de l'Université royale de France, rue
Pierre-Sarrazin, N° 12.

1845.

CHATEAUROUX, TYP. ET LITH. DE MIGNÉ.

AVANT-PROPOS.

« Pour être complet, l'enseignement régulier de la langue doit se composer de quatre différentes parties : la syntaxe, la conjugaison, le vocabulaire et la composition. Chacune doit avoir son développement particulier, tout comme son objet spécial. Un des vices notables et fâcheux qui se montrent dans l'enseignement usuel, tient à la maigreur du vocabulaire que l'on fournit aux élèves dans leurs leçons. Sans doute que les nombreux exemples qui se rattachent aux règles de la langue, renferment les signes d'une quantité d'idées nouvelles, qui étendent le cercle étroit où les commençants se trouvaient confinés ; sans doute encore que tout instituteur intelligent supplée à ce défaut, et qu'il a soin que nul ne se paie de mots vides de sens. Mais tout ce matériel des grammaires n'est point calculé sur l'extension du vocabulaire de l'enfance, et doit en conséquence répondre mal au but qu'on se propose (1). »

Il est peu d'écoles primaires où l'on s'occupe du vocabulaire. Dans le plus grand nombre, les élèves n'ont et ne peuvent se procurer, pour acquérir la connaissance des mots, connaissance indispensable pour le sage exercice du jugement, que de petits dictionnaires qui ne donnent le plus souvent la signification d'un mot que par son synonyme. Ces minces dictionnaires, ouverts seulement par les élèves les plus curieux de s'instruire, et qui se dégoûtent vite de ce travail stérile ; quelques explications fortuites du maître ; ces moyens sont-ils suffisants ? Non ; et ils ne le seraient pas encore, lors même que les explications seraient plus fréquentes et que les dictionnaires seraient moins incomplets. Car le maître n'aura pas tout fait, quand il aura donné le sens général d'un terme, pour faciliter l'emploi de ce mot à l'avenir, et dans toute autre phrase que celle où il l'aura rencontré la première

_____

(1) Le P. G. Girard (de l'Enseignement de la langue maternelle, ouvrage couronné par l'Académie française).

1.

fois; il devra encore expliquer la valeur des racines, des dérivés, des composés de ces mots. Par exemple, l'enfant dit : *il arriva un événement imprévu;* sans doute il aura l'intelligence de la phrase, quand le maître lui aura dit que *imprévu* signifie *ce qui n'est pas prévu, une chose à laquelle on ne s'attend pas.* Mais une explication des mots ainsi bornée ne répondrait pas, à beaucoup près, à l'objet qu'elle doit remplir dans l'éducation intellectuelle; les enfants n'auront pas une idée bien nette du mot, et, lorsqu'il reviendra dans une autre circonstance, surtout avec quelque modification, ils seront peut-être aussi embarrassés que la première fois pour en saisir le sens. Mais, appelez leur attention sur les trois éléments du mot *imprévu.* Demandez-leur le sens de la syllabe *in* dans la composition; dites-leur de vous indiquer, ou indiquez-leur, s'ils ne répondent pas, d'autres mots dans lesquels elle a la même valeur négative *incommode, incivil...,* en leur montrant du reste les modifications que cette particule peut subir sans changer de sens, comme dans *impatient, illisible, irréparable...* Expliquez ensuite le sens de la syllabe *pré;* citez des exemples de la manière dont elle influe sur les composés où elle prend sa place, comme *préférer, prématuré, prédiction...* Enfin arrivez au mot *vu,* et indiquez la signification variée des divers composés du mot *voir.* Alors l'enfant aura une idée complète et applicable du mot analysé, et en même temps de beaucoup de mots analogues (1). »

« Il est peu d'exercices plus utiles. Les enfants trouvent toujours, même dans les livres les plus simplement écrits, une multitude de mots qu'ils n'entendent qu'imparfaitement ou qu'ils n'entendent pas du tout. N'est-ce pas cette incomplète intelligence des mots qui explique pourquoi les gens sans éducation ne voient dans la lecture des ouvrages les meilleurs et les plus intéressants que des exercices laborieux et pénibles, et préfèrent occuper leurs loisirs par des délassements grossiers et souvent honteux (2)? » Cette ignorance de la signification des mots n'est-elle pas aussi un des plus grands obstacles aux succès des élèves des écoles primaires et même des écoles normales, dans la manifestation de leurs pensées, soit par l'écriture, soit par la parole ?

(1) J. Wood.
(2) Ambroise Rendu (Ccours de pédagogie autorisé par le conseil royal de l'instruction publique).

« Dans la langue française, les familles de mots sont souvent incomplètes et nous n'acquérons pas l'habitude de comparer les radicaux ; nous altérons ces radicaux au point de les rendre méconnaissables à l'œil attentif ; ainsi nous ne pensons pas que les mots *ouvrage*, et *opérateur* aient la même origine, parce que la labiale *v* remplace la labiale *p*. Ainsi, quoique tout le monde attache une idée nette au mot *séducteur*, on ne fait pas attention qu'on dit trois choses en prononçant ce mot : *teur*, celui qui fait une action ; *duc*, qui signifie *conduire* ; *se*, qui veut dire à part : de sorte que ce seul mot renferme l'analyse d'un discours : un *séducteur* nous conduit, nous mène à *part*, hors du chemin de l'honneur et de la vertu (1). »

« Les exemples et l'autorité des grands maîtres que nous venons de citer, prouvent évidemment « que la dérivation est la clé indispensable pour l'intelligence des mots d'une langue ; que c'est surtout la dérivation qui doit occuper le vocabulaire, dès le commencement des études, pour faire connaître les mots à leur air de famille, et pour en faire comprendre beaucoup au moyen d'un seul (2). »

« La langue de la littérature, par tout pays, renferme un nombre effrayant pour la mémoire, de mots différents ; mais ils se ramènent tous à deux ou trois mille racines ; or, ces racines elles-mêmes se réduisent à sept ou huit cents syllabes radicales (3). » La connaissance de ces racines amènera donc la connaissance du vocabulaire, et l'on ne peut les apprendre que par l'analyse des parties constitutives des mots. Mais cette analyse, facile pour les maîtres versés dans l'étude des langues qui ont le plus contribué à former la langue française, présente de grandes difficultés, exige un travail assez long et des recherches que ne peuvent faire, faute de matériaux immédiatement employables, la plupart de nos jeunes instituteurs primaires. C'est pour venir à leur aide, pour leur faciliter l'étude et l'enseignement de cette partie indispensable, totalement négligée, et qu'aujourd'hui l'on recommande vivement, que nous nous sommes décidé à leur offrir ce travail que nous n'avions d'abord entrepris que pour l'instruction de nos élèves.

(1) Jacotot, langue maternelle.
(2) Le père Girard.
(3) Jacotot.

Peu confiant dans nos propres lumières, nous avons consulté et sur le travail lui-même, et sur l'application que nous en avons faite à l'école normale et à l'école primaire supérieure de Châteauroux, les personnes chargées de la surveillance de ces écoles. Aidé de leurs lumières, des conseils qu'elles se sont plu à nous donner, et de ceux du savant inspecteur de l'académie de Bourges, qui a bien voulu le revoir et l'enrichir d'une préface, nous sommes parvenu à faire ce travail qui, quoique incomplet, pourra être d'une grande utilité dans tous les établissements d'instruction primaire.

Il reste à indiquer quelques-uns des procédés que nous avons employés dans notre école : nous exigeons que les élèves sachent la valeur des suffixes et celle des préfixes ; nous leur donnons à composer des familles de mots avec un radical indiqué, en leur recommandant de suivre l'ordre des suffixes pour obtenir les dérivés, puis celui des préfixes pour avoir les composés. Ils écrivent en regard de chaque mot son sens littéral, et ensuite une proposition ou une phrase soit morale, soit historique, à volonté, dans laquelle ce mot est employé.

En faisant travailler ainsi, deux fois par semaine sur un ou deux radicaux, selon l'étendue de la famille, en exigeant l'explication des mots composés qui se rencontrent dans les sujets d'analyse qu'ils ont à faire chaque jour, les élèves auront passé en revue, dans l'espace d'une année, pour l'orthographe et la signification, une grande partie du matériel du langage. Ces exercices commencés toujours et faits de vive voix sur le tableau noir, contribuent puissamment au développement intellectuel et à la facilité de se bien exprimer. Ils ont pour les enfants, qui y trouvent une pensée à exprimer, un attrait infini et bien naturel ; car, dit le père Girard «l'homme aime à produire ; et l'enfant n'est-il pas un homme ? »

Nul, si instruit qu'il soit, n'a l'intelligence complète des mots dont il se sert. En général, nous parlons sans règles et sans lois. Nous n'avons, presque toujours, que des autorités capricieuses qui n'ont aucune espèce d'infaillibilité, à ce point que nous récusons dans une circonstance celles qu'il nous plaît d'admettre dans une autre ; et, comme, d'après ces prétendues autorités, nous n'employons jamais une expression, avec une valeur déterminée, qu'en vertu de l'habitude prise dès le berceau, ou de la confiance méritée ou non, accordée à celui qui la prononce pour la première fois devant nous, cette valeur varie en raison de notre âge ou de nos lumières.

Il est absolument impossible de fixer la valeur des mots même d'après l'écrivain qui passerait pour le plus pur ; parce que, indépendamment de sa science et de sa volonté, il est maîtrisé par ses habitudes, et qu'il a forcément accepté les mots dont il se sert, à peu près comme la monnaie dont il fait usage ; c'est-à-dire pour la valeur que les autres leur accordent et non pour ce qu'ils signifient d'après l'analyse philologique des lettres qui les composent, d'après ce qu'exprime leur constitution matérielle ; et Dieu sait que d'erreurs entraîne l'ignorance de cette analyse.

Quel est l'écrivain dans lequel nous ne trouverions point, par exemple, les expressions *devoirs maritaux*, *matrimoniaux*, *conjugaux*, employés comme synonymes, tandis que chacune d'elles a une valeur propre et désigne les devoirs du mari, de la mère et des conjoints ? Qui n'a pas dit, avec Bernardin de St.-Pierre *le patrimoine de nos pères !* qui ne dit pas, avec un auteur moderne, *la nuque du cou*, etc. ? Sans porter trop loin la rigueur, ainsi que l'a fait Lanjuinais (1), nous pourrions multiplier à l'infini les citations de

(1) *Nopoléonville* veut dire ville de Napoléon : traduisant les éléments grecs de ce nom propre, ce savant trouve qu'ils signifient *nouvelle ville-ville.* (Histoire naturelle de la parole, page 354.)

ce genre. Enfin , combien peu de personnes savent pourquoi
ce qu'elles disent représente leur pensée , ou n'exprime point
ce qu'elles veulent dire ! La seule méthode pour apprendre
une langue et son orthographe est donc celle qui prend pour
base un travail analogue à celui que nous publions. En effet,
par le moyen de ce travail, nous aurons l'intelligence véritable du mot aussi sûrement que celui qui, afin de répondre
d'une manière précise et juste à un besoin intellectuel, a créé
ce mot.

Nous savons tous ce que c'est qu'un genou , une mouche ,
un rat, un singe ; mais nous ignorons presque tous, pourquoi
ces noms furent préférés à mille autres , pour désigner chacun
de ces objectifs. Dans l'ouvrage, c'est là que nous nous ar-
rêtons : nous donnons là loi applicable à notre langue et nous
laissons à de plus hautes études le soin d'apprendre et de savoir que ceux qui , dans l'héritage des âges, formèrent des
mots, les dérivèrent d'expressions en complète harmonie
avec ce qu'ils avaient à dénommer. Ainsi , pour nous , il est
inutile de savoir que du sanscrit INA (rompre, fléchir) sont
venus successivement JANUS (genou) TONY et GENU ; de
MUS (broyer, ronger), MUSAS (le rongeur) MYZ et MUS ;
de MAC (gronder, bourdonner) MACAS, (la bourdonnante)
MYIA et MUSCA ; de SIMO (nez écrasé) ZIMOZ et SIMIUS,
etc. Ce qu'il faut, c'est désigner, à chaque famille le thème
d'où elle dérive, afin d'en bien comprendre la valeur et l'orthographe. C'est à tort que Beauzée a dit : « Ce n'est jamais par le matériel des mots qu'il faut juger du sens que
l'usage y a attaché, c'est par l'emploi qu'en ont fait les meilleurs auteurs et par l'analogie (1). » Car c'est dire que les
bons écrivains ne peuvent errer, et pas un grammairien n'est
de cet avis ; puis , dès ce moment, qu'est donc cette lumière vacillante qu'il nomme analogie ? L'usage n'est nullement raisonnable , alors qu'il est en opposition avec la raison.

Un jeune philologue de la plus haute espérance, l'abbé
Chavée, a dit : « Toutes les inconséquences d'orthographe et
de prononciation que l'on trouve dans la langue française ,
sont l'œuvre des savants » (2) ; et il aurait dû étendre ce re-
proche jusqu'à la valeur des expressions, avec plus de raison encore : il ne faut approuver que ce qui est bien ; que
ce qui est juste, que ce qui est raisonnable ; et l'autorité des
plus beaux noms, de la plus belle gloire ne saurait faire loi
contre le bon sens ou la raison.

(1) Grammaire générale, tome 2, page 286.
(2) Essai d'étymologie philosophique, page 49.

Quoiqu'il en soit, dans toutes les langues, les mots ne se forment que de deux manières ; par dérivation d'un thème primitif, appartenant à une langue primitive, qu'on nommera comme l'on voudra, ou par combinaison de ces mêmes thèmes. Toutes les modifications nombreuses du même thème constituent une famille, représentant de la manière la plus heureuse les nuances diverses de la qualité annoncée par le thème primitif. La famille d'un mot est donc analogue à la famille d'une idée, et doit la représenter le plus fidèlement possible. L'idée abstraite est dans le substantif, et ses différentes modifications, dans les désinences variées qui constituent le plus grand nombre des parties du discours. Le fond reste le même, mais ses accessoires changent comme la forme des idées. C'est un thème sur lequel le génie du peuple a fait d'admirables variations qui trop souvent nous masquent complètement le fond primitif de cette merveilleuse musique de la parole humaine.

Les préfixes sont d'autres thèmes que l'euphonisme abrége et polit, qui ne sont pas tous faciles à reconnaître, et qui n'en sont pas moins, le plus souvent, formatifs et mobiles. Les suffixes ont un autre caractère encore, puisque, par leur simple et étroite modification, ils donnent l'idée du sexe, du nombre, du cas dont le subjectif (le nominatif) forme tout naturellement le prototype.

Lorsque, dans un seul mot, on veut renfermer plusieurs idées, on fait exactement comme le peintre qui compose des nuances nouvelles avec plusieurs couleurs élémentaires, c'est-à-dire qu'on réunit plusieurs mots dans une seule forme : tel est *im-per-méa-bil-ité*, dont le thème *méa* se trouve flanqué de quatre affixes, deux par devant, deux par derrière. Les suffixes, les préfixes étaient originairement des thèmes dont la valeur nous échappe, si nous n'avons recours aux langues anciennes : aussi leur fréquent usage en composition les fait-il absurdement considérer de nos jours comme des parties séparables ou non, dont les grammairiens disent néanmoins avec Noël et Carpentier : « La connaissance précise de la valeur de ces particules est plus importante que l'on ne se l'imagine pour sentir la valeur des mots composés (1). » C'est à l'ignorance de tous ces faits qu'il faut attribuer les mots barbares de notre langue.

Le radical ne diffère du thème que par sa broderie : ainsi *ph-u*, *pl-eô*, ΠΛΛ-ΕΛ, *flu-o*, *flu-er*, *fleu-ve* ont la même si-

(1) Dictionnaire étymologique.

gnification en sanscrit, en grec, en latin et en français; tous les hommes puisent aux mêmes sources, et la désinence seule varie; tant la musique d'une langue dépend de l'intelligence et du climat du peuple qui la forme.

Hors de la connaissance exacte de l'intime organisation des mots, il n'y a ni science, ni philologie, ni pureté de style. Des hommes ignorant la physiologie des langues, ont donc seuls pu dire : la *belle Vénus*, *la guerre polémique*, les *feux pyriques*, les *rosbif* (*roast beef*) *de mouton*, *la grâce juvénile de l'enfance*, *crier les hauts cris*, *unir ensemble*, etc. Ces fautes grossières sautent aux yeux de ceux qui connaissent l'origine des mots. Il est de même pour l'accouplement de *noble fierté*, *noble orgueil*, etc.

Comme, dans aucun ouvrage, on n'a cherché à puiser philologiquement, et, par suite, philosophiquement la valeur originelle des mots, il en en est résulté de fait que chacun, selon son ignorance ou son caprice, a donné l'extension qu'il lui a plu à telle ou telle expression, et, lorsque son bon sens n'était pas satisfait des mots indigènes, sa myope érudition allait en demander aux Grecs et aux Romains. C'est à cette plaisante origine que nous devons les mots *poète*, *patrie*, *économie*, etc., comme si *trouvaire* ou *troubadour*, *pays* et *ménagerie* n'étaient pas tout aussi beaux, sans compter l'avantage d'appartenir à nos idiomes. Et comme nos vocabulaires ont été faits d'après l'autorité des écrivains, ces mots ont passé dans la langue, en vertu de ce cercle vicieux qu'un mot n'est français qu'autant qu'il se trouve dans le dictionnaire, à côté de *zambrelouque* et autres de même acabit.

Ce qu'il y a de sûr, c'est que la plupart de nos expressions n'ont pas un sens fixe et précis, nécessité première de toutes les langues.

On sera conduit inévitablement à ce sens par l'emploi d'un ouvrage comme celui que nous publions, alors même qu'il n'aurait que le mérite de conduire à l'analyse de la constitution des mots, et cela malgré les erreurs inévitables dans un premier travail de ce genre. C'est ainsi seulement que l'on pourra fixer la langue, tandis que l'autre méthode ne fait que la pervertir et l'altérer. C'est en l'absence des lois recherchées ici que l'on arriverait à un autre Babel; aussi l'encyclopédie avait-elle raison de dire : « A voir la marche que l'on suit dans la plupart des écoles, on dirait que les maîtres et les élèves conspirent contre la science. »

Jusqu'ici l'on paraît s'être tacitement accordé sur un point, c'est que toute l'instruction doit rouler sur l'enseignement de la grammaire et nullement sur l'étude des mots. La pro-

position inverse serait seule logique et la raison en est fort
simple, puisque la grammaire n'est autre chose que la logique appliquée à la parole : or les langues ne peuvent point
exister sans la logique, et la logique est inséparable de la
pensée, à moins qu'il n'y ait folie. C'est pour cela que ceux
qui estropient le plus les mots, heurtent beaucoup moins que
d'autres la logique du langage. L'habitude de parler enseigne
la grammaire, l'étude seule apprend l'orthographe et la valeur des mots. Étudier la grammaire d'une langue n'est rien,
en connaître les expressions, sous notre point de vue, est
tout. Lorsqu'on a profondément étudié la grammaire, on ne
sait pas beaucoup plus de choses que celui qui n'a fait que
l'effleurer ; mais lorsqu'on a approfondi l'étude des mots, on
possède la science immense de toute une langue, et cette
étude indispensable et première est singulièrement abrégée
par la méthode exposée dans ce petit livre : supprimez toutes
les grammaires, si vous le voulez, l'esprit y suppléera suffi-
samment ; mais enseignez, enseignez toujours la science des
mots. La grammaire ne sert pas plus à la parole que la sta-
tique à nos mouvements ; ce qu'avait très bien vu Bernardin
de St.-Pierre, lorsqu'il disait : Nous n'apprenons pas plus à
parler par les règles de la grammaire que nous n'apprenons
à marcher par les lois de l'équilibre.

La véritable étymologie, dit Auger, affermit l'esprit dans
la science des véritables significations, tout en indiquant les
altérations qu'elles ont subies, et l'on écrit avec une plus
grande propriété d'expression (1). C'est là un fait certain
d'une utilité générale ; c'est là ce qu'a souvent répété Nodier.

Mais il ne faut pas donner à cette vérité une extension par
trop grande : les thèmes ont été singulièrement défigurés en
traversant le torrent des âges et des sociétés, et, parconsé-
quent, il ne faut pas espérer d'arriver à une certitude
mathématique. Ce n'est pas le point important qu'un mot
appartienne à telle famille ou à telle autre ; cette connaissance
est essentielle sans doute pour le philologue, mais elle est
complètement inutile pour celui qui n'étudie les origines pro-
bables de la langue que pour mieux la parler et mieux l'écrire.

Pour la langue française, l'orthographe est la double conséquence de l'origine et de la prononciation. Tout ce qui est
en dehors de cette loi est une erreur que la philologie seule
peut et doit rectifier. Ainsi le substantif *sacristine* est mal
fait, s'il n'est, comme on le dit, que le substantif féminin

_____

(1) Mélanges, tome 1er, page 228.

de *sacristain*. Il est évident que dans ce cas la règle générale exigerait que l'on dît une *sacristaine* : or, comme on
dit autrement, il faut nécessairement écrire *sacristin*, de
même que *fin*, *fine*, *divin*, *divine*, etc. Tout en cherchant à
prévenir les fautes d'orthographe, certes je ne dis pas
qu'elles n'aient aussi leur mérite. D'un côté, nous devons à
ce qu'on nomme orthographe la perte de toute filiation d'une
famille de mots, et nous savons, d'un autre côté, que plus
d'une fois découlent de ces fautes des services d'une importance bien supérieure à celle de l'orthographe la plus irré-
prochable selon nos savants. En effet, lorsqu'elle n'est point
phonétique, c'est-à-dire lorsqu'elle ne représente pas exactement et seulement les sons, lorsqu'elle est, au contraire, éty-
mologique et savante, il est bien évident que, celle qui est
blâmable est la plus propre à nous donner une idée juste de
la prononciation des langues aux diverses époques de leur
existence. Nous ne connaissons également la prononciation
éteinte de certains mots français que par la mauvaise orthographe des manuscripteurs : mais nous ne nous élevons pas si
haut dans la science des langues ; ce que nous voulons savoir, c'est le sens et la véritable orthographe des mots, et
je ne connais aucune méthode ni plus sûre, ni plus rapide
que celle-ci, en supposant qu'il en existe une autre. Ainsi,
le point essentiel, je dirai même la base unique de tout
degré d'instruction est le travail agréable et facile déve-
loppé dans l'ouvrage qui suit.

Ce travail, en effet, animé par la parole du maître, est,
pour ainsi dire, un jeu amusant ; et, pour le rendre plus
instructif, on n'a pas seulement multiplié les exemples,
mais on les a choisis de manière qu'ils fissent connaître de
nouveaux mots ; et, au lieu de préférer des rapprochements
que l'intelligence de l'élève fera toujours avec plaisir, on a
préféré les plus difficiles. Les autres alors, ne sont plus
qu'une bagatelle. On doit le pressentir, cette partie importante de la science de la langue doit enfin être enseignée
dans tous les degrés de l'instruction, d'autant plus qu'on ne
la rencontre dans aucune grammaire, soit générale, soit
particulière. En sorte que l'histoire de la science dont nous
proclamons l'indispensable nécessité serait bientôt faite, si
nous ne considérions que les langues de l'Europe. Il n'en est
pas de même dans l'Inde. Les grammairiens modernes
citent des grammaires sanscrites où se trouve une partie
essentielle qui manque aux autres grammaires connues :
c'est le traité de la formation des mots qui, comme le dit
très bien le profond Languinais, enseigne non-seulement

l'analyse ou l'étymologie des mots usuels, dérivés ou composés; mais qui enseigne encore à faire régulièrement tous
les mots nouveaux dont on peut avoir besoin, sans avoir
recours aux langues étrangères, mortes ou vivantes, comme
on l'a fait jusqu'à ce jour. On ne peut réellement point pré-
voir ni calculer tous les avantages qui seraient résultés de
l'étude ainsi conçue de la langue nationale. Obligée de se
borner à ses propres ressources, ne pouvant emprunter aux
autres idiomes, tout se fût différemment et plus heureuse-
ment passé. On conviendra bien, je l'espère, que puissamment riches par nous-mêmes, nous n'avions pas besoin d'a-
voir sans cesse recours à l'aumône étrangère; nos richesses
idiomologiques naturelles suffisaient bien certainement; mais
enfin, il faut prendre les choses telles qu'elles sont. De la
marche que nous indiquons, il serait résulté plus d'homo-
généité d'abord dans notre langue même, et, par suite, dans
l'essai qu'on va lire; il réfléchira forcément les bigar-
rures déplorables qui la constituent. Le savant le Pileur,
comme tous les philologues du reste, avait parfaitement senti
l'indispensable nécessité d'une pareille étude; aussi, dit-il :
l'expérience m'a démontré cette vérité reconnue par les philologues; qu'on ne peut bien savoir les langues, ni même
les étudier convenablement, qu'en cherchant les racines,
ainsi que la signification particulière des terminaisons et la manière dont se forment les compositions (1). J'ajouterai que c'est
même là l'unique moyen d'enseigner à raisonner et à écrire (2).
Ces observations si justes n'appartiennent pas plus à le
Pileur que tout ce qui est raison : aussi Condillac, par
exemple, eut-il la gloire de démontrer le premier que l'art de
parler, l'art d'écrire et l'art de raisonner ne sont qu'un seul
et même art (3). Quoique cette idée appartienne à tout le
monde, ce n'est point ainsi que la routine enseigne la grammaire ni la langue. Il est incontestable cependant que les pre-
mières sciences à étudier, sont : 1° la radicologie générale
et la radicologie appliquée, isolément, ou concurremment aux
langues grecque, latine, allemande, anglaise, espagnole,
italienne et française; 2° la grammaire générale, qu'on n'enseigne plus depuis la suppression des écoles centrales, et qui
y remplaçait avec raison l'enseignement de la philosophie,
abandonnée aux facultés, comme en Belgique.
On sentira parfaitement l'importance de la méthode que

(1) Tableaux synoptiques des mots similaires.
(2) Pierquin de Gembloux, le Christ et les langues.
(3) Grammaire générale, 1re partie, analyse du discours.

nous préconisons, si l'on veut réfléchir un instant sur les procédés reçus et les moyens employés. L'étude des langues se borne toujours, aujourd'hui, à celle d'une grammaire spéciale, que l'on change toutes les fois qu'on aborde une langue nouvelle ; or, qu'est-ce qu'une grammaire spéciale, si ce n'est l'application des lois générales à tous les faits particuliers ? Suivons une marche différente ; fions-nous un peu plus à notre raison, à notre logique. Croit-on que la logique diffère de nation à nation ? La pensée est une ; comme nos facultés anatomiques et physiologiques, elle appartient à tous les hommes : c'est une propriété commune à l'espèce humaine, et ce qui est folie ou déraison à Paris, l'est également sur tous les points du globe. Une fois rentrés ainsi dans les lois de la saine logique et de la plus saine observation philosophique, n'étudions que la grammaire générale ; faisons précéder et suivre cette étude de la radicologie générale ou spéciale, et l'on verra qu'il y aura économie sous le rapport du temps, du travail et des dépenses.

Voilà l'un des éléments essentiels de ce système logique d'enseignement : je dois à la vérité de dire que je n'en suis pas l'auteur ; je l'ai corrigé un peu ; j'aurais voulu que le temps me permît de le corriger davantage, et cela parce que je suis parfaitement convaincu de son importance et de son utilité. Tel qu'il est, je ne doute pas qu'il ne rende de très grands services dans l'état actuel de la science philologique ; il suffit encore pour donner au moins une idée de la méthode et en démontrer tous les avantages. L'emploi de ce livre, tout imparfait qu'il est ; sera utile, et chacun y apportera facilement les additions et les corrections nécessaires, en sorte que, comme toute chose, l'étude l'agrandira, le perfectionnera. Il finira par être ainsi le travail de tous, en même temps qu'il ne sera l'œuvre de personne, ce qui arrive en général à tout ce qui est bon. La méthode est excellente, et, quelque imparfait que soit le livre, il ne faut pas moins le recommander vivement ; afin de la populariser. Il est incomplet, parce qu'on n'a pas voulu admettre tout ce qui paraissait incertain. C'est de la philologie sérieuse à propos de notre idiome national, et, dès lors, il a bien fallu s'arrêter où la science faisait défaut. Il a fallu marcher avec elle, et, ce qui n'était pas faisable, ou même ce qui était douteux ou mauvais, aura toujours le mérite d'habituer l'esprit à l'excellence de la méthode, sauf à faire disparaître les lacunes plus tard. Le travail est incomplet comme la science qui en fait la base.

Pour tous les Adamides, les idées s'expriment par des

mots faits de la même manière. Dans chacun d'eux il y a, comme nous l'avons dit, le thème, qui représente une idée abstraite, unique : celle-ci éprouve quelques modifications, et le thème les exprime par l'adjonction d'affixes ; le radical est tout simplement l'indication vague d'une idée dont le mot complet est la véritable signification ; et, comme l'a dit Necker, l'idée accessoire que l'étymologie rappelle, dispense souvent d'une circonlocution. Tous les peuples ont mis des prépositions diverses à leurs thèmes primitifs : chez les uns elles sont mobiles, c'est-à-dire que, comme en allemand, elles peuvent être placées en tête du verbe qu'elles modifient, aussi bien qu'après, et même à la fin de la phrase ; d'autres fois elles se mettent après les mots complémentaires du rapport qu'elles expriment, c'est ce qui a lieu en hébreu, en turc, en basque, en hongrois, etc. Ce sont, dès lors, des post-positions. En français, ce sont de véritables prépositions, et elles sont toujours immobiles, ainsi qu'on le voit dans la famille suivante :

Ad		mettre auprès de soi.
Com		mettre avec.
Dé		mettre hors.
E		mettre dehors.
Entre		se mettre entre.
O	mettre	ne pas mettre devant.
Per		mettre par un autre.
Pro		mettre d'avance.
Re		mettre à une autre fois.
Sou		mettre sous.
Trans		mettre au-delà.
Com-pro		mettre *sa responsabilité* d'avance avec.

Les langues existent bien des siècles avant qu'on ne songe à s'occuper des lois qui les régissent : ce dont on s'occupent d'abord, c'est, une fois la langue faite, de la valeur des mots, et puis enfin de leur véritable orthographe : elles commencent par là et finissent par la grammaire. L'éducation devrait en faire autant. En effet, avant de songer à la toilette, il faut être formé et adulte. L'orthographe est donc, comme la radicologie, la dernière raison des langues et la plus importante, celle dont les peuples s'occupent quand ils deviennent savants. Pendant longtemps, l'orthographe des langues est sans lois et sans règle : on les écrit d'abord comme on les prononce, c'est-à-dire avec toutes les variétés que présente chaque localité ; aussi est-il impossible de comprendre ce qu'affirment quelques écrivains, à savoir que l'ancien français a, comme le roman, une orthographe régulière :

cette marche enfantine n'est certes pas une exception ; toutes les langues ont subi la même période de confusion. Les premiers écrivains anglo-saxons, dit le docteur Webster, qui n'avaient d'autre guide que leur oreille, se dirigeaient d'après leurs propres idées, et de là vient qu'un grand nombre de mots anglo-saxons sont écrits différemment, selon les auteurs qui s'en servent, la plupart de deux ou trois manières, quelques-uns de quinze à vingt (1).

Notre orthographe n'est pas seulement la plus mauvaise, elle est encore la plus irrégulière, la plus capricieuse, la plus difficile et la plus contraire aux lois de la parole. L'orthographe scientifique, en effet, abandonne le soin d'écrire les mots aux caprices des savants. Elle déroute dès lors, à perpétuité, le philologue, et pourtant quel est le véritable but de l'écriture ? N'est-ce pas de fixer les sons de la parole ? Que font, dès lors, dans l'orthographe d'un mot des lettres qui ne se prononcent pas et qui, fort souvent même, ne sont pas étymologiques ? De tous les peuples, nous sommes ceux qui, comme l'a très ingénieusement remarqué Turgot, ont le plus mal connu leur système orthographique. Mais encore en cela il faut que nous nous soumettions à ce qui est. Un mot prononcé met bien plutôt sur la voie de son origine que lorsqu'il est écrit. C'est ce qui a fait dire à Turgot que non seulement la ressemblance des sons, mais encore des rapports plus ou moins éloignés, servent puissamment à guider les étymologistes du mot dérivé à son primitif.

Il ne faut pas pourtant pousser trop loin les reproches que l'on est en droit d'adresser aussi à l'orthographe scientifique, et, pour en être aisément convaincu, on n'a qu'à parcourir tous nos homonymes et nos homographes Comment, en effet, se reconnaître ici, dans l'orthographe phonétique ? Que pensez-vous de la cène (Seine, scène, saine, Senne) ? Peut-on répondre à cette question, dès le moment que ces mots sont prononcés de la même manière ? N'est-ce pas là une des raisons qui doivent faire proscrire l'orthographe phonétique de M. Marle ? Mais, d'un autre côté, n'est-ce pas aussi l'argument le plus puissant en faveur de la nécessité de la philologie nationale ? Comme notre système orthographique est myxte, c'est-à-dire qu'il n'est ni complètement phonétique, ni complètement scientifique, il faut se tenir sur ses gardes et ne rien affirmer jusqu'à ce que la philologie nous ait révélé tous les mystères de notre langue. Alors seulement notre

_____

(1) Dictionnaire of the english tong. Introduction, page. 29.

orthographe existera, parce que nous saurons ce qu'il faudra accorder dans chaque mot à la phonation et à l'étymologie.

Il en est à peu près de celui qui parle sans connaître la valeur intégrante des mots, ce que les anciens nommèrent la vérité du discours (*Etymos-logos*), comme du chimiste qui se contenterait de connaître l'étiquette de tous les corps composés sans en avoir jamais étudié tous les éléments, toutes les combinaisons. On ne pourrait attendre de lui que des actes d'ignorance et, par suite, des erreurs dont s'indignerait avec raison un chimiste habile.

Je conviendrai maintenant d'une part, que la science des mots est à créer, de l'autre, que les bases de ce travail sont encore très-discutables en certains points, c'est-à-dire sous le point de vue des familles, quant à l'origine de tous les éléments verbaux. Ensuite, quant à nous, qu'importe que les sources de nos thèmes verbaux soient hébraïques ou sanscrites, grecques ou latines; ce qu'il y a d'indispensablement nécessaire; c'est d'arriver à classer raisonnablement tous les thèmes verbaux, d'en donner la valeur idéologique précise, ainsi que celle des affixes qui peuvent les modifier, recherches applicables à toutes les langues, et point délicat auquel on est arrivé ici. Lorsqu'on a isolé tous les éléments d'un mot, il ne s'agit plus, en effet, que d'en déduire la valeur d'après celle de chacun de ces mêmes éléments. C'est là ce qu'on a fait également, en la prenant, surtout chez nous, comme le voulait Turgot (1).

Enfin, les avantages d'un travail de ce genre, s'il était définitivement arrêté et terminé, ne seraient pas seulement l'art d'enseigner vite et bien l'orthographe et la glossologie, mais encore de faciliter singulièrement l'étude des langues d'une même famille; à ce point qu'utile d'abord pour l'enseignement méthodique et scientifique de la langue française, il le serait encore pour celui du grec, du latin, de l'anglais, de l'espagnol, de l'italien, du portugais; et il pourrait même, sauf quelques légères additions, servir également à chacun des peuples dont la pensée se manifeste par l'un ou l'autre de ces idiomes.

_____

(1) Si nous avons donné quelquefois le mot entier d'où dérivent les mots français, nous ne l'avons fait que pour satisfaire à certaines exigences.

NOTIONS PRÉLIMINAIRES.

Une langue est l'ensemble des signes phonétiques employés par une nation pour exprimer la pensée.

On appelle langues mères, celles d'où l'on supposait que dérivaient tous les idiomes et tous les patois.

La langue Française est un idiome, formé des débris des langues parlées en Gaule avant le dixième siècle, et des mots introduits depuis par les savants, les hommes de lettres ou les artistes. Dans tous les cas, la plupart des radicaux qui la composent viennent des dialectes celtiques, comme la plupart de ce ceux des idiomes de l'Europe, tels que l'Espagnol, le Portugais, l'Italien, l'Allemand et comme tous les patois qui donnèrent naissance à chacun de ces mêmes idiomes.

Apprendre une langue, ce n'est pas seulement mettre dans sa mémoire un grand nombre de mots, c'est encore observer le sens de chacun de ces mots en particulier (1), c'est connaître la syntaxe et l'orthographe de chacun d'eux.

Pour avoir l'intelligence des mots, il faut savoir d'où ils dérivent, et, partant, connaître le sens particulier de

(1) St.-Augustin, confessions, livre 1er, chapitre VIII, N° 13.

chacun des différents signes qui entrent dans leur composition.

. Les mots, dans toutes les langues, ont été formés par *mimologisme* ou *onomatopée*, ce sont les moins nombreux; par *dérivation* ou par *composition*, ce sont les plus communs, les plus usuels.

On trouve dans toutes les langues un grand nombre de mots imitatifs ou mimologiques et onomatopiques; tels sont, en français, les mots : *coq*, *hibou*, *glouglou*, *tic-tac*, *drelindindin*, etc......

Les mots se divisent donc en *primitifs* ou *radicaux*, en *dérivés* et en *composés*.

- Le *radical* est, en général, un mot d'une syllabe, d'où découlent, selon les besoins, un plus ou moins grand nombre, d'expressions à désinences variées.

Ainsi les mots *cant-at-e*, *cant-at-ille*, *cant-ique*, *chant*, *chant-er*, *chant-eur*, *chan-son*, *chan-son-n-ette*, *chant-er-elle*, etc., sont autant de dérivés du radical *cant*; les mots *cap-able*, *cap-ac-ité*, *cap-it-aine*, *cap-or-al*, *cap-it-al*, *cap-it-ul-aire*, *cap-it-at-ion*, *cap-it-ole*, *cap-it-oul*, *cap-e*, *cap-ot*, *cap-ot-e*, *cap-uc-e*, *cap-uch-on*, *cap-uc-in*, *chap-eau*, *chap-it-eau*, *chap-itr-e*, *chap-er-on*, *chev* et sont autant de dérivés du radical *cap*, qui signifie *tête*.

La *composition* consiste dans la réunion de plusieurs radicaux simples, non compris leurs désinences plus ou moins variées et même leurs préfixes, non moins nombreux.

Un mot peut-être composé de plusieurs manières différentes :

1° De deux substantifs réunis avec ou sans préposition, et puisés dans la langue même pour le perfectionnement de laquelle on les forme : *arc-en-ciel*, *chef-lieu*, *gen-darme*, *gentil-homme*, *chef-d'œuvre*, *sans-souci*, *gobe-mouche*, etc......

2° D'un nom et d'un adjectif ou d'un verbe : *basse-taille,*
blanc-seing, porte-voix, essuie-mains, république, etc....

3° D'un mot principal et d'une ou de plusieurs prépositions initiales, soit indigènes soit exotiques : *entre-mettre,*
entre-pr-en-dr-e, sou-coup-e, sou-me-t-t-re, ad-me-t-t-re, in-
ad-mis-s-ible, in-com-mens-ur-able, pré-dé-ces-s-eur, etc..

4° D'un adverbe, initial aussi, avec une préposition ou
un autre mot, indigène ou exotique : *bien-faisant, bien-*
être, par-de-là, trans-alp-in, con-cour-in, etc....

Nous ne nous occuperons que des mots qui, formés de
plusieurs autres, présentent un tout sans division appa-
rente, de ceux dont l'usage et le temps ont effacé les traits
d'union, c'est-à-dire exclusivement des mots qui servirent
à les composer.

On appelle *initiatifs* ou *préfixe* les prépositions, les ad-
verbes qui précèdent les radicaux, c'est-à-dire qui commencent certains mots composés.

Ainsi, dans chaque mot, on distingue le *radical*, qui représente l'idée principale ; les *terminatifs* ou *suffixes*, qui
ajoutent au radical les signes des idées accessoires, et qui
représentent ainsi avec eux des idées composées ; les *initia-*
tifs ou *préfixes*, qui modifient à leur tour les idées exprimées par cette première combinaison.

Tous les mots formés d'un même radical, doté d'affixes et
de suffixes différents, forment ce qu'on appelle une *famille*
de mots.

Le mot *port* et les mots *port-er, port-ée, port-eur, ap-*
port-er, r-ap-port-er, dé-port-er, im-port-er, ex-port-
er, sup-port, sup-port-er, trans-port, trans port-er, col-
port-er, col-port-eur, com-port-er, ré-im-port-er, dé-
port-at-ion, im-port-at-ion; le mot *grand* et les mots *grand-e,*
grand-e-ment, grand-ir, a-grand-ir, r-a-grandir, a-grand-
iss-e-ment, grand-i-os-e, grand-eur; les mots *an-fr-ac-t-u-eux,*

an-fr-ac-t-u-os-it-é, de-fr-aï, dé-fr-ay-er, ef-fr-ac-t-ion,
fr-ac-as, fr-ac-as-s-er, fr-ac-t-ion, fr-ac-t-ion-n-aire, fr-ac-
t-ur-e, fr-ac-t-ur-er, fr-ag-il-e, fr-ag-il-ement, fr-ag-il-it-é,
fr-ag-ment, fr-ang-e, fr-ang-er, fr-ang-ible, fr-ay-er,
fr-è-le, in-fr-ac-t-eur, in-fr-ac-t-ion, ré-fr-ac-t-aire, ré-fr-
ac-t-er, ré-fr-ang-ible, ré-fr-ang-ibil-ité, ré-fr-ing-ent
forment des familles de mots, de même que tous les idiomes
qui ont entr'eux des ressemblances analogues, forment une
famille de langues; tels sont le *français*, l'*italien*, le *portugais*, le *valaque*, ainsi que leurs différents patois. Tous sont,
par cette raison, d'une facile intelligence pour ceux qui en
connaissent une ou plusieurs.

DES RADICAUX.

Nous avons donné les mots formés des radicaux *cant*, *cap*, *port*, *fr-ág*; si nous examinons ces familles de mots, nous verrons que les radicaux sont sujets à des altérations que l'on peut diviser en deux sortes : addition, permutation, de lettres.

Addition.

E. Dans beaucoup de mots latins dont le radical commence par *s*, nous avons si rudement articulé cette consonne que l'orthographe l'a fait précéder d'un *e*, qui, quelquefois même, a fini par absorber le *s*.

Stomacal, estomac; *spirituel*, esprit; *scient*, escient; *spadassin*, espadon; *spacieux*, espace; *spécieux*, espèce; *stagnant*, étang; *scribe*, écrire; *studieux*, étudier; *strangulation*, étrangler.

B. *b* a été ajouté dans les mots *ensemble*, *rassembler*, *combler*, *humble*, *chambre*, *décembre*, *démembrer*, *combustion*, dont les radicaux, que l'on trouve dans *similitude*, *assimiler*, *camériste*, *décimer*, *numérer*, *cumuler*, *humilité*, n'ont pas cette lettre.

D. *d*, qui se trouve dans *tendre*, *gendre*, n'existe pas dans *tener*, *générique*; dans *prodige*, *rediger*, il a été ajouté entre les initiatifs *pro*, *ré* et le radical *ige* pour *âge*, *agir;* dans *vendredi*, c'est encore une addition à *venerdi*, jour. de Vénus.

P. p a été ajouté devant *t* dans les mots *consomption*, *rédemption*, etc.; dont le radical est *sum*, *dim*, *consumer*, *redimer*.

Ces additions ont sans doute été faites par raison d'euphonie.

Permutations.

De même que les radicaux font quelquefois changer certaines lettres dans les initiatifs, de même les initiatifs font aussi varier quelques lettres des radicaux.

Les radicaux, quoique non précédés d'initiatifs, sont encore sujets à des variations.

Nous allons indiquer, en les empruntant pour la plupart au cours de langue française de Lemarre, les principales permutations qui ont lieu dans ces deux cas.

a en *e*. *a* se change en *e* : *apte*, *inepte;* *art*, *inertie;* *barbe*, *imberbe;* *capter*, *accepter;* *chaste*, *inceste;* etc.

a en *ai* : *plane*, *plaine;* *crâne*, *migraine;* *ration*, *raison;* *clarté*, *éclair;* *famine*, *faim;* *façon*, *faire;* etc.

a en *ai* : *santé*, *sain;* *village*, *villain;* etc.

a en *au* : *palme*, *paulme;* *calamité*, *chaume;* *balsamique*, *baume;* *psalmodier*, *psaume;* etc.

e en *au* : *bel*, *beau;* *castel*, *chastel*, *chasteau*, *château;* *nouvel*, *nouveau;* etc.

e en *ei* : *plénitude*, *plein;* *effréné*, *frein;* *régner*, *reine;* etc.

e en *ié* ou en *é* : *bénéfice*, *bien;* *brevet*, *bréviaire*, *brièveté;* *soutenir*, *soutien;* *pédestre*, *pied;* *céleste*, *ciel;* *mellifère*, *miel;* etc.

e en oi : serin, sérieux, soin; déprédation, proie; régir, roi; légal, loi; etc.

i en e : justice, justesse; fissure, frêle; dieu, déesse; etc.

i en ai : digne, daigner.

i en oi : pli, ployer; dévier, dévoyer; rigide, roide; frigidité, froid; etc.

in en en : infanticide, enfant; vin, vendange; etc.

o en ui : oléagineux, huile; hôte, huis; octogénaire, huit; innocent, nuire; etc.

u en ou : génuflexion, genou; diurne, iour, jour; déguster, goûter; but, bout; pulsation, pouls; édulcorer, doux; surdité, sourd; etc.

u en ui : conducteur, conduire; lucide, luire; etc.

u en oi : crucifier, croix; etc.

a en an : fragile, frangible, frange; tact, tangente; etc.

es en en : mesure, immense; etc.

i en ein, in : fiction, feindre; scission, scinder; etc.

Quelquefois les consonnes d'un même organe, labiales, dentales, gutturales se sont confondues; quelquefois elles ont été remplacées par d'autres d'un organe différent.

c a été remplacé par ch : calvitie, chauve; calorique, chaleur; écorce, écorcher; capucin, capuchon; cantate, chant; campagne, champêtre; etc.

c par x : vocal, voix.

d par s : répondre, réponse; mordre, morsure; tendre, tension; etc.

g par c : gras, crasse; agir, acte; régir, direction.

c par g : crâne, migraine.

q par c, ç : arqué, arçon; musique, musicien; magique, magicien.

n par gn : vin, vigne.

q par ch : moquer, mouche...

t par c : serviteur, service...

u par *d* : pulvériser, poudre...

v par *g* : abréviation, abréger...

p par *b* : nubile, nuptial ; duplicité, double...;

par *v* : bovine, bœuf; ovaire, œuf; nerveux, nerf; etc...

v par *u* : navire, nautique, nautonnier ; etc...

v par *m* : vulgaire, divulguer ; promulguer ; etc...

s par *z* : nasiller, nez; rez, ras, rase...

c et *q* par *g* : agir, acte; action, régir, direction; macérer, maigrer ; acre, aigre ; aquilin, aigle, etc...

m par *n* : somnolent, somnifère, sommeil, somme ; féminin, femme; etc...

n par *s* : déponent, déposition ; disponible, disposition ; etc...

d et *t* par *s* : démettre, démission, mission, messe ; céder; cession, procession; etc...

r par *s* : quérir, questeur, question, inquisition.

l par *ille* : familier, famille; filial, fille; etc.

i par *j* : majordone, maire; diurne, jur, giour, jour; quelques consonnes, *l*, *ille* se sont changées en *u* : mol, mou; chaleur, chaud; ciel, cieux; dissolvant; dissoudre; seille, seau.

Les lettres *a*, *s*, *u*, *e*. ont été remplacées par des accents : *aame*, *âme*; *rouler*, *rôle* ; *escouter*, *écouter* ; *duement*, *dûment*; d'autres ont disparu tout-à-fait : *poulmon*, *poumon*; *bled*, *blé*; *ptisane*, *tisane* ; *édict*, *édit* ; *clef*, *clé*; *sçavoir*, *savoir*; etc...

Signification et orthographe des radicaux.

A.

Abb-a ;   *père :* Abb-é, abb-esse, abb-aye, abb-at-i-al.

Ac, aig , ag , ang ; *aigu, pointu, qui pique :* Ac-ide, aig-re, ag-acer, ac-ier, ac-ér-er, har-ang-u-e, *discours élevé qui existe, qui presse.*

Acous ;   *ce que l'on entend :* Acous-t-ique, écou-t-er.

Acro ;   *extrême :* Acro-stich-e, acro-ba-te, acro-céron-iens.

Act, ag, ig ; *action en général :* Act-e, act-eur, act-if, act-u-el, ag-ir, ag-ent, ag-ile, co-act-if, co-act-ion, ré-ac-tif, rétro-act-if, prod-ig-e, ex-ig-e-ant, trans-ig-er, amb-ig-u, péd-agog-ie.

Affr ;   *onomatopée qui exprime le frémissement :* Affr-eux, affr-euse-ment.

Ag-er, agri ; *champ :* Rav-ag-er, agr-e-ste, agr-o-nom-e, migr-at-ion, é-migr-er, agr-i-col-e, agr-i-cul-t-eur, agr-aire, pér-égri-ner, pel-er-in *(qui va par les champs).*

Age, aigue ; *eau :* aig-ay-er, aig-u-ière, n-age (*être en*) p. *être en age,* aq-u-at-ique, aq-ue-du-c.

Agon ;   *combat :* Agon-ie, agon-ir, agon-iser, ant-agon-iste.

Air, aer ; *fluide invisible; manière :* Aér-é, aér-ien, aér-i-fier, aéro-lithe, aéro-nau-te, aér-o-st-at....

Air-e, ar-e ; *surface plane :* Air-ée, air-er, ar-e, ar-é-age, ar-ide.

Ais ;   *planche :* Ais, es-sieu, ais-seau, ais-s-ell-e.

Ais-a ;   *sort, destin :* Ais-e, ais-ance, ais-é, al-èze, mal-ais-e.

Al-p, alt ; *élevé :* Al-p-es, alt-ier, hau-t, hau-ss-er, hau-t-ain, ex-alt-er, ex-hau-ss-er, au-t-el, hi-ss-er.

Al-i, alt, ult ; *autre :* Al-i-é-ner, in-al-i-én-able, alt-ér-er, ail-l-eurs, ad-ult-ère, alt-er-c-at-ion, alt-er-u-er.

Alun ;   *minéral :* Alun-ine, alun-er, alun-age, alun-ière.

Alv; *cavité , trou :* Alv-éole.

Am, aim; *union, lien :* Am-it-ié, am-our , aim-er , am-arr-
er., am-i, am-abil-ité, am-ic-al, am-at-eur, en-
n-em-i, in-im-it-ié.

Ambac; *magistrat, ministre :* Ambass-ad-eur.

Ambix; *vase :* Al-ambic., al-ambiqu-é.

An, anime, am; *souffle :* Anim-al, anim-er, magn-anim-e, âm-e,
anim-ad-vers-ion, in-anim-é, long-anim-ité, un-
anim-e.

Ane; *quadrupède, à longues oreilles :* An-esse, an-erie,
an-non-n-er, asin-e.

Ange; *envoyé :* Ang-el-ique, arch-ang-e, év-ang-il-e,
bonne nouvelle.

Angl; *crochu :* Angl-e, angl-eux, ang-ul-air-e, ang-ul-eux.

Amir, émir; *chef :* Amir-al, amir-aut-é, vice-amir-al, contre-
amir-al, émir.

An; *cercle :* An; an-n-ée, an-n-u-aire, an-n-ales, sol-
en-n-el, an-n-eau, an-n-ul-aire, an-n-u-ité, bis-
an-n-u-el, sur-an-n-é.

Apt, hap; *saisir :* Apt-e, ad-apt-er, hap-per, in-ept-e, in-ept-ie.

Ar, ard; *sec, brulé :* Ar-id-e, ard-ent, ard-illon, ard-u.

Arbitr; *juge :* Arbitr-e, arbitr-age, arbitr-aire.

Arbr; *plante ligneuse :* Arbr-e, arb-or-er, arbr-is-s-eau.

Arg; *blanc :* Arg-ent, arg-ent-er, arg-ent-erie, arg-ent-
in, arg-ile.

Argu; *(lâche) accuse :* Argu-er, argu-ment, argu-ment-
at-ion, argu-t-ie.

Arc; *courbure, ce qui est élevé, voûte :* Arc, arch-e,
arc-ade, arch-er, arch-et, arch-iv-es, ar-bal-
ête, ar-çon, arq-u-er, arq-u-e-bus-e.

Arch, arq; *commander :* Olig-arch-ie, mon-arch-ie, hept-
arch-ie, arch-ev-êqu-e, mon-arq-ue.

Arm; *ce qui sert à attaquer ou à défendre :* Arm-e, arm-
at-eur, arm-i-st-ice, al-arm-e, dés-arm-er, arm-
oire.

Aroma ;   *parfum* : Arom-e, arom-at-e ; arom-at-iser, onom-
        at-ique.

Art-us ;   *ajuster* : Art-i-cle, art-i-cul-a-tion.

Art ;   *méthode* : Art-i-fic-e, art-i-st-e, in-ert-e, ex-erc-er.

Atmo ;   *vapeur* ; Atmo-sphèr-e, atmo-sphér-ique.

Aud ;   *hardiesse* : Aud-ac-e, aud-ac-ieux.

Aug-men ;   *accroissement* : Aug-u-ste (*qui se tient dans l'aug-
        mentation*), aug-men-t-er, aux-il-i-aire, aut-eur,
        aut-or-it-é.

Auto ;   *soi-même* : auto-graph-e, auto-psie, aut-hent-ique
        auto-crat-e, auto-mat-e.

Aquil, aigl, aign ; *oiseau de proie, ainsi dit de la forme de son bec* :
        Aquil-in, aquil-on, aigl-e, aigl-on, aigre-fin.

B.

Bab, bamb, bav ; *lèvre, mouvement des lèvres* : Bab-il, bab-ouin,
        em-bab-ouin-er, bab-iole, bamb-in, bav-ard,
        bav-er.

Bac ;   *chaîne* : Bac-ler, dé-bac-le, bag-uette, im-béc-ille.

Bac ;   *bateau* : Bac-h-ot, bag-u-et, baqu-et-er, barq-u-e,
        em-barc-ad-ère, dé-barq-u-er, ba-s-sin, ba-s-
        s-ine.

Bad ;   *jeu* : Bad-in, bad-in-er, bad-in-e, bad-in-ag-e,
        bad-er, bad-aud.

Bag ;   *de l'allem.* pak, *paquet* : Bag-ag-e, bag-arre.

Bag ;   *anneau* : Bag-u-e, bag-at-elle, bag-ue-n-aud-e.

Bal ;   *s'élancer, se jeter, sauter* : Bal, bal-i-st-e,
        bal-ai.

Ban ;   *allem., proclamation* : Ban, ban-n-ière, ban-n-ir,
        ban-dit, contre-ban-de.

Banc ;   *siége* : Banc, banqu-ette, banc-al.

Bal, bil ;   *élevé puissant* : ha-bil-e, dé-bil-e (*ha, avoir*).

Band ;   *allem. lien* : band-e, band-el-ette, a-band-ou-n-
        er, band-er-olle.

Bapt ;   *plonger dans l'eau :* Bapt-ême, bapt-is-er, bapt-ism-al, ana-bapt-ist-e.

Barb ;   *poil* : Barb-e, barb-eau, barb-et, barb-illon, barb-i-fi-er, barb-ou, barb-ouill-er, re-barb-at-if, im-berb-e.

Bard ;   *couverture :* Bard-e, bard-er, bard-ot, dé-bord-er.

Baro ;   *poids :* Baro-mètr-e, baro-mètr-ique.

Barr ;   *fermeture* : Barr-e, barr-eau, barr-ière, em-barr-as.

Bar-riq ;   *tonneau :* Bar-riq-ue, bar-ric-ade.

Bas ;   *du gr. basis, base :* Bas-s-e, bas-s-ement, bas-s-esse, bas-s-et, bas-s-on, bais-s-er, a-bais-s-ement, ra-bais-ser, sur-bais-s-er, bas-s-ic-ot.

Bas, bât, bat ;   *charge, bâton* : Bast-on-n-ade, bât-er, bât-ir, bat-tre, bat-aill-e, a-bat-t-re, dé-bat-t-re, bât-el-eur.

Bé-at ;   *heureux :* Bé-at-i-fi-er, bé-at-it-ude.

Beau, bel ;   *brillant, agréable, intéressant :* Beau-coup ; beau-té, belvé-d-ère, em-bol-l-ir.

Bec ;   *onomatopée, bouche d'un oiseau :* Bec-quée, bec-qu-et-er, bêc-her, bég-u-eul-e, im-béc-il-e.

Bê ;   *onomatopée :* Bê-ler, bé-lier, bé-g-ay-er, bé-g-u-e.

Best ;   *animal irraisonnable :* Bêt-e, best-i-al, bêt-a, bêt-e-ment, bêt-ise, hé-bêt-er.

Biai ;   *de travers :* Biai-s, biai-se-ment, biai-ser, bi-s-eau.

Bib, boir, bur ;   *avaler* : Bib-er-on, boir-e, buv-eur, buv-ot-er, breuv-age, a-breuv-oir, bur-ette, im-bib-er, bu-and-er-ie.

Bibl ;   *livre :* Bibl-e, bibl-i-o-thèque, bibl-i-o-graphe, bibl-i-o-phile.

Bier ;   *allem. baren, porter :* Bière....

Bier ;   *allem. boisson :* Bière....

Bif ;   *onomatopée* ; Bif-fer ; dé-bif-fer, re-bif-fer, ré-buf-fade.

Bill ;   *globe* : Bill-e, bill-ard, bill-e-ve-s-ée, bil-boquet.

Bill ;   *papier* : Bill, bill-et.

Bio ;   *vie* ; Bio-graphe, bio-graphie.

Bik ;   *chèvre* : Biqu-e , biqu-et , biqu-et-er.

Bis ;   *brun noirâtre* : Bis-er , bis-tre , bas-ané.

Blank ;   *allem. couleur de la neige* : Blanc, blanch-ir, blanqu-
                    ette.

Blas ,bles ;   *signe, marque* : Blâ-me ; bles-sure , blê-me...

Bleu ;   *de l'allem. blau ,couleur. du ciel* : Bleu , bleu-ir ,
                    blu-ette....

Ble ;   *regarder* : Pro-blê-me , em-blê-me....

Bloc;   *de l'allem. amas* : Bloq-u-er , blouse , dé-bloq-u-er.

Blond ;   *mêlé* : Blond , blond-in...

Bois , bos ;   *de l'allem. vosch, lieu planté d'arbres* : Bois , bois-er,
                    bois-erie, bo-c-age, bos-quet , bou-quet , bû-che ,
                    bus-e , dé-bus-quer, em-busc-ade , tré-buch-et.

Bol ;   *action de parcourir un grand espace* : Para-bol-e ,
                    hyper-bol-e.

Bomb ;   *courbe* : Bomb-e , bomb-er...

Bond ;   *la fertilité, la profusion* : A-bond-er , a-bond-ant ,
                    sur-a-bond-ant.

Bond ;   *onomatopée, rejaillissement* : Bond , bond-ir , bond-
                    isse-ment.

Bord ;   *de l'allem. extrémité* : Bord , bord-er , a-bord-age ,
                    bord-er-eau , in-a-bord-able.

Bos ,bous, bu ;   *bœuf* : Bos-phore, bouv-ier , bov-ine , bu-céphale...

Boss ;   *enflure* : Boss-e , boss-uer.

Bouch ;   *ce qui regarde la bouche, ce qui est rond* : Bouch-
                    ée, bouch-erie , s'a-bouch-er , boc-âl, bouch-on.

Bouc ;   *mâle de la chèvre* : bouqu-etin , bouqu-in , bouqu-
                    in-iste.

Bourr ;   *poil* : Bourr-e , bourr-el-ier , bourr-er , bourr-iche,
                    bourr-u.

Bours ;   *sac* : Bours-e , bours-ette, bours-ic-ault ; bours-
                    ill-er , bours-ouffl-er , dé-bours-er, rem-bours-er.

Bout ;   *mettre, lancer* : Bout-er , bout-on , bout-ure , bout-
                    ade , bout-eill-e , bott-e , butt-e.

Brand, bras ;   *allem. incendie, brûler* : Brand-o , brand-on , brand-
               evin , bras-er, bras-ier , brais-e....

Bran, bras ;   *bras* : Bran-che , bras , bras-ser.

Brav ;   *le prix de la victoire* : Brav-e, brav-e-ment, brav-
            oure.

Brech ;   *rompre* : brêch-e , é-brêch-er....

Breg , brev ;   *accourcir* : A-brég-er, a-brév-iation, brev-et,
            brièv-té...

Bross, brou ;   *pointu, piquant* : Bro-ss-e, brouss-aill-es, brou,
            re-bours , re-brouss-er...

Broc ;   *je verse* : Broc , brac-anter.

Brigu ;   *cabale, parti* : Brigu-e, brigu-er, brig-ade, brig-and.

Brill ;   *jeter une lumière éclatante* : Brill-ant , brill-a-ment,
            brill-er.

Bris ;   *fracasser* : Bris, bris-an, bris-er, bris-ure, dé-bris...

Broch ;   *pieu* : Broch-e , broch-ette , broch-er...

Brui ;   *onomatopée* : Brui-t, é-brui-re, bruy-ant, é-brui-
            ter, bruy-ère...

Brus ;   *consumer par le feu* : Brû-ler , brul-eur, brul-ot.

Brun ;   *de l'allem. braun, tirer sur le noir* : Brun, brun-
            ier , brun-et, brun-iss-age , rem-brun-ir.

Brusc ;   *vif* : Brusqu-e , brusqu-er , brusqu-erie...

Brout ;   *manger l'herbe* : Brout-er , brout-ill-er, brout-ill-es.

Brut ;   *âpre, mat* : A-brut-ir , dé-brut-ir, brut , brut-al.

Buis ;   *arbre touffu* : Buis, buiss-on, boit-e (*coffret en*
            buis), dé-boît-é , em-boît-er , boît-eux.

Bul , bol , boul ;   *rond* : Bull-e , bull-etin , é-bull-it-ion , boul-e ,
            préam-bul-e , am-bul-ant , funam-bul-e , boul-
            e-vard , boul-ingr-in , é-boul-er.

Bulb ;   *racine ronde* : Bulb-e , bulb-eux.

Bur-e ;   *étoffe rousse* : Bur-e , bur-eau, bur-al-iste...

Bust ;   *brûler* : Com-bust-ion, com-bust-ible, brûl-eur,
            brûl-ot...

But ;   *point où l'on vise* : But-er, re-but, dé-but , bout ,
            a-bout-ir.

C.

Cab, cav;	creux : Cab-ane, cab-áret, cab-in-et, cav-e, cav-it-é, cáv-er-ne...
Cabl;	cordage : Cabl-e, cabl-er, ac-cabl-er.
Cabr;	de capr, chèvre : Cabr-e, se cabr-er, cabr-i, cabr-i-ole.
Cach;	couvrir : Cach-er, cach-et-er, cach-ett-e, cach-ot.
Caiss;	cacher : Caiss-e, caiss-on, cas-e, cas-an-ier, caf-ârd, cás-er-n-e, cass-ol-ette, chass-e, en-chass-er, chat-on, caps-ule.
Cal, cel;	élevé : Es-cal-ade, cél-èbr-e, ex-cell-ent.
Cal;	appel : Intre-cal-er.
Call;	beauté : Call-i-graphe, call-i-ope.
Calx, chau;	blanc : Calc-aire, calc-iner, calc-ium, chau-x, chauv-e...
Cal, scel, cal;	dur, rond : Cal-eux, cal-cul, caill-oux, ré-calci-tr-ant, in-cul-qu-er, chauss-er.
Cal;	fourbe, rusé : Cal-in, cal-omn-i-at-eur...
Cal;	tête : cal-ote, cal-vaire.
Cal;	bas : Cal-er, cal-mer...
Calam;	chaume : Calam-it-é, calam-it-eux...
Cali;	soude : Al-calis, al-cali-n, al-cal-iser...
Camp, champ;	terre : Dé-camp-er, camp-ag-n-e, champ-êtr-e, champ-ig-n-on, champ-ion...
Can, chan;	coupé, partagé : Can-ton, é-chan-t-ill-on, é-chan-cr-ure, chan-t-eau...
Cann;	roseau-tuyau : Cann-e, can-al, chan-vre, cann-ell-e, cann-el-er, can-ule; can-on, chen-al...
Cani-s;	chien : Cani-che, cani-cule, can-aillé, cani-n, e, cyn-ique, cagn-ars, chen-il.
Canon;	règle : Canon, canon-ique, canon-ial, chano-in-e...
Cancer;	écrevisse : Cancer, cancer-eux, can-cr-e.

Cant, chant........ *Cant-ique*, cant-at-e, chant-er, chan-son, ac-cent.

Cand ;   *blanc :* Cand-eur, cand-ide, cand-er, cand-id-at, chand-elle...

Cap, cer, cip, cra ; *tête :* Cap, cap-it-ale, cap-ac-it-é, cap-it-eux, cab-oche, cab-ot-âge, crâ-ne, cab-ale, cad-astr-e, cam-ail, é-chap-pé.

Capr ;   *chèvre :* Capr-ic-e, capr-ic-ieux...

Carcer ;   *prison :* In-carcer-er, in-carcer-at-ion, char-tr-e, char-tr-i-er.

Card-o, chard ; *plante dont la tête sert à peigner les draps :* Chard-on, chard-on-n-er-et, card-e, card-er, é-chard-e.

Card-o ;   *gond :* Card-in-al-, card-in-al-at.

Carp ;   *coupé :* É-charp-e, é-charp-er, es-carp-ol-ette...

Carte ;   *papier :* Carte-l, cart-on, char-t-re, é-cart-er, pan-cart-e.

Cas, cad, cid ; *chute :* Cas-cad-e, oc-cas-ion, dé-cad-ence, cas-uel, cad-uc, cad-avr-e, ac-cid-ent, in-cid-ent, chan-ce, cad-en-ce, coïn-cid-ent, mé-chant, ré-cid-ive, dé-choir, chût-e...

Cass ;   *briser rompre :* Cass-er, cass-ant, cass-at-ion, cass-ure, con-cass-er, re-cass-er...

Cast-us ;   *pudique, modeste :* Chast-e, chast-et-é, chât-ier, in-cest-e...

Castell-um, castr-um; *maison de seigneur, forteresse :* Chât-eau, chat-el-lain, chat-el-l-e-n-ie, en-castr-er...

Cau, cal, chal, chaud, *feu, chaleur :* Cau-stique, cau-tère, cau-tériser, cend;   cal-éfacteur, chal-aud, a-chal-ander, non-chal-ant, é-chau-dé, in-cen-die...

Caus ;   *principe, origine :* Caus-e, caus-er, caus-at-if, chos-e...

Caut ;   *prudence :* Pré-caut-ion...

Ced, cess, cès; *laisser, se retirer, approcher :* con-céd-er, dé-céd-er, suc-céd-er, ac-cess-it, né-cess-ité, né-ces-iteux, ac-cès, suc-cès, pro-cès, pró-cess-ion...

Cel;   *cachette* : Cell-ul-e, cél-er, dé-cél-er, re-cél-er.

Celer;   *vitesse* : Célér-ité, ac-célér-er.

Cène;   *repas commun* : Cén-acl-e, cén-ob-it-e.

Cens;   *redevance* : Cens-it-aire, cens-ur-e, cen-seur, cens-é, re-cens-e-ment.

Cèn;   *boue* : Obs-cèn-e, obs-cén-it-é.

Centr-e;   *milieu* : Centr-al, centr-al-is-at-ion, con-centr-er, ex-centr-ique.

Céphal, (Képhalè); *tête* : A-céphal-e, bu-céphal-è, cyno-céphal-e...

Cerc, cir; car, cher; *rond* : cerc-l-er, cerc-eau, cir-cu-it, car-quois, cher-cher.

Cern, cret;   *voir* : Dis-cern-er, dé-cern-er, con-cern-er, se-cret, se-crét-aire, dis-crét-ion...

Cert;   *sûr, vrai* : Cert-ain, in-cert-ain, cert-i-fi-er, in-cert-it-ude.

Chap, cop, coup; *couper* : Chap-on, cop-eau, dé-coup-er....

Chal, chev;   *chef* : Séné-chal, maré-chal, é-che-vin...

Cam, chambr-e; *voûte* : Chambr-ier, Chambi-ell-an, camér-ist-e, anti-chambr-e, cambr-er, cambr-ure.

Chang;   *troc* : Chang-e, chang-er, chang-eur, é-chang-e, re-chang-er...

Char;   *ce qui porte ou soutient* : Char, char-ge, char-iot, char-r-ett-e, car-r-i-ole, car-r-oss-e, *char rouge*, car-r-ous-el, dé-char-ger, re-char-ger...

Chass;   *pousser devant soi* : Chass-e, chass-er, chass-eur..

Ch-er, car, char, cru; *précieux, rare, aimé, rouge* et de là *chair* : en-ch-ér-ir, re-ch-er-ch-er, car-ess-er, in-car-n-at, car-casse, car-t-il-a-ge, char-ité, char-nel, a-char-né, car-n-age, car-n-ass-ier, car-n-aval, char-bon, cru-aut-é, cer-cueil, cer-cèr-e...

Chic-o;   *espag. Petit, coup faible* : Chic-ot, chiq-u-e, chiq-u-e-nau-d-e, dé-chiq-u-et-é.

Chiff;   *italien. Étoffe petite mauvaise* : chiff-on, chiff-on-n-er.

3.

Chiffr ;   *italien. Caractère qui représente les nombres* : chiffr-e, chiffr-er, dé-chiffr-er...

Chir ;   *main* : Chir-urg-ien , chir-o-graph-aire , chir-o-manc-ie , chir-o-log-ie...

Chlor ;   *vert* : Chlor-e , chlor-ate , chlor-ure...

Choc ;   *teuton. Rencontre de deux corps* : Choq-u-er , ch-o-ir , ch-ûte , cah-ot , é-chec...

Chor-os ;   *réunion de personnes qui chantent* : Chœur , chor-ist-e , chor-yph-ée.

Chri-ô ;   *oindre* : Chrê-me , chri-sm-at-ion , chri-st , chrét-ien.

Chrom-a ;   *couleur* : Chrom-e , chrom-ate , a-chrom-at-ique...

Chron-os ;   *temps* : Chron-o-log-ie , ana-chron-ism-e , chron-iqu-e , chron-o-mètr-e...

Chut ;   *interj. Silence* : Chu-ch-oter , chu-ch-ot-e-ment.

Chym ;   *oriental. Extraction des sucs par le feu et par la fermentation* : Chim-ie , chyl-e , chyl-i-fère...

Ci ;   *lieu* : Ci-té , ci-t-oy-en , ex-ci-ter , ci-t-ad-elle , civ-il , in-civ-il...

Cil ;   *poil* : Cil-l-er , des-sil-l-er , sour-cil , cil-ice.

Cil ;   *appeler, assemblée* : Con-cil-e , con-cil-ier , con-cil-i-at-ion , re-con-cil-i-er , ir-ré-con-cil-i-able , con-seil.

Cid, cis ;   *couper* : Cis-eau , dé-cis-if , in-cis-e , in-cis-if , indé-cis , cis-aill-e , cis-el-eur , sci-s-s-ion , circ-on-cis , con-cis , dé-cid-er.

Cein ;   *entourer, environner* : Cein-t-ure , cein-d-re , cin-t-re , san-gle , su-c-cint.

Cip, cep, cap, cup ; *main , prendre* : Ac-cip-er , anti-cip-er , part-i-cip-er , ac-cep-t-er , a-che-t-er (*a-chep-ter*) , con-cep-t-ion , con-cev-oir , cap-t-if , ex-cep-t-er , oc-cup-at-ion , ré-cup-ér-er , ac-cap-arer , chip-er , chet-if , capt-ieux , cup-id-e , con-cup-i-sc-enc-e.

Cir-e ;   *matière molle provenant du travail des abeilles* : Cir-e , cir-er , cier-ge , cer-at.

Cl-air, cl-ar ;   *lumineux* : É-cl-air-er, clar-i-fic-at-ion, dé-clar-er, clair-on, clar-i-fier, cl-ar-in-ette, clar-té, dé-clar-ation, é-clair, é-cl-air-c-ir..

Clam ;   *crier* : Clam-eur, ac-clam-at-ion, ré-clam-er, pro-clam-er, dé-clam-er, ex-clam-at-ion.

Clac, clic ;   *onomatopée (coup)* : claqu-e, claqu-et, cliqu-et, cliqu-et-is, cliqu-et-t-e...

Clat ;   *rompre* : É-clat, é-clat-er, é-cla-bou-ss-er..

Clé ;   *doux* : Clé-menc-e, clé-ment, in-clé-menc-e.

Cl-e, cl-oi, cl-o, cl-ou, *serrer, en secret, à l'insu, terminen* : Cl-ef, cl-us ;   cl-o-ît-re, cl-o-re, clou-er, cl-ois-on, clap-ier, clap-ir, in-cl-us, con-cl-us-ion, ex-cl-us-ion, en-cl-av-er, chev-ille, en-cl-o-s, cl-aus-e.

Cling, clin, clir ; *courber, baisser, se mouvoir, s'écarter de sa direction* : Clign-er, clign-ot-er, in-clin-ai-s-on, dé-clin-er, clin-d'œil, dé-cliv-it-é...

Cod ;   *cahier, livre* : Cod-e, cod-ic-ill-e...

Col, cou ;   *canal étroit* : Col-l-ier, col-l-et, col-l-et-er, col-port-eur, ac-col-er, dé-col-l-et-er, en-col-ure, col-l-ine.

Col ;   *jaune, débordement de bile* : Mélan-col-ique, col-èr-e, col-ér-ique, chol-ér-a-morbus, chol-ér-ique...

Col, cul ;   *soin, culte, honneur, labour* : Col-on, col-on-ie, agr-i-col-e, cul-t-iv-at-eur, in-cul-t-e, re-col-e-ment....

Col, cueil ;   *mettre ensemble et avec choix* : Ré-col-t-e, col-lec-t-ion, re-cueil, re-cueil-l-ir...

Col-or, coul ;   *éclat du jour* : Col-or-er, dé-col-or-er, col-or-iste, coul-eur...

Comb-e ;   *lieu enfoncé* : suc-comb-er, cata-comb-es...

Cou-eo ;   *je sers* : Dia-cou-at, dia-cr-e.

Cop-i-a ;   *abondance* : Cop-i-e, cop-i-er, cop-i-eux, cop-iste.

Coq ;   *celt. Mâle de la poule :* Coq, coq-u-el-i-c-ôt, coq-u-et, coq-u-et-er...

Corn ;   *dur :* Corn-é, corn-u, -corn-ière, corn-et, corn-ich-on, é-corn-er, é-corn-if-l-er, li-corn-e...

Cor ;   *ordure :* S-cor-ie, s-cor-i-fi-er.

Cor, cour, cur ;   *se porter rapidement en un lieu :* Cor-s-aire, cor-r-i-d-or, cour-ir, cour-se, cour-s, cour-sier, ac-cour-ir, cour-t-ier, dis-cour-s, oc-cur-r-ence, ex-cur-s-ion, in-cur-s-ion, cur-s-ive, con-cur-r-ence.

Cord ;   *cœur :* Dis-cord-e, con-cord-e, ac-cord-er, cour-age...

Cord-e ;   *lien :* Cord-e, cord-on, cord-el-i-er...

Corp-us ;   *portion de la matière organisée :* Corp-s, corp-or-at-ion, corp-ul-en-ce, cor-s-ag-e, in-corp-or-er, cor-s-et.

Cost-a,   *élevé :* Cost-al, côt-e, cot-eau, côt-é, cot-el-ette, cot-oy-er, ac-cost-er, ac-cot-er, é-côt-er...

Cosmo ;   *monde :* Cosmo-graph-ie, cosmo-polit-e, cosmo-rama...

Cou ;   *tuyau :* Cou-l-er, cou-l-age, cou-l-ant, cou-l-is, dé-cou-l-er, é-cou-l-e-ment, cou-l-iss-e.

Cour-t ;   *petit :* courb-er, courb-at-ure, ac-cour-ci-r, courg-e, curv-i-lign-e.

Crac ;   *onomatopée :* Craqu-er, craqu-e-ment, crev-er, crev-ass-e...

Cran ;   *incision, fente :* É-cran, cren-el-é, crén-eau...

Crasi ;   *tempérament :* Dys-crasi-e, *du, mauvais...*

Crass-us ;   *gros, ordure :* Crass-e, crass-eux, dé-crass-er, gras, en-grais, gros, gros-s-eur, dé-gros-s-ir...

Cr-a-in ;   *peur :* Cr-a-int-e, cra-in-t-if, cr-a-in-d-re, cr-a-ign-ant.

Cramp ;   *serrer, lier :* Cramp-e, cramp-on, cramp-on-n-er.

Crati ;   *pouvoir, puissance :* Démo-crati-e, aristo-crati-e...

Cré,   *produire :* Cré-at-eur, ex-cré-ment...

Cred-ere;   *croire :* Créd-it, dis-créd-it-er, créd-ul-e, cré-anc-e, croy-anc-e, mé-cré-ant...

Crép, (Celte).;   *ridé, nuit, obscurité :* Crép-e, crép-ir, dé-crép-it-ude, crép-u-sc-ul-e...

Cret, croistr;   *être ajouté :* Con-cret, croîtr-e, cré-ment, ac-crois-s-e-ment, dé-croîtr-e, ex-crois-s-ance, re-crut-er, sur-croît.

Cri;   *forte émission de la voix :* Cri-er, cri-ail-l-er, cri-eur, dé-cri-er, se ré-cri-er.

Cri, scrib;   *écrire :* De-scrip-t-ion, é-cri-t-ure, ins-cri-re, con-scri-t, pro-scri-t, scrib-e.

Cribl;   *tamis :* Cribl-e, cribl-er, cribl-eur.

Crim;   *ce qui nuit :* Crim-e, crim-in-el, in-crim-in-er.

Crisp.;   *frisé, bouclé :* Crisp-er, Crisp-at-ion...

Croc, cros;   *bosse, bossu :* Croc, croch-e, ac-croch-er, croch-u, cros-s-e, e-s-croc, ani-croch-e, croch-et-er.

Croi, cruc;   *élevé :* Crois-ée, croix, cruc-i-fix, cruc-i-fi-er.

Crust, crou;   *qui est dessus :* In-crust-é, croû-te...

Croul;   *pousser :* É-croul-er, é-croul-e-ment.

Crut;   *fouiller, creuser :* S-crut-at-eur, s-crut-in...

Cub, comb, cou;   *se coucher, tomber :* Con-cub-in-e, suc-comb-er, couv-er, in-cub-at-ion, suc-cub-e, couch-e.

Cuir, cor;   *peau des animaux :* Cor-iace, cor-r-oy-er, cour-r-oie, cuir-ass-e, cuir-ass-ier, é-cor-cher, é-cor-ce, cor-t-ic-al, ex-cor-ier...

Cuit, coct;   *feu :* Cui-re, cui-t, cui-s-in-e, cui-s-tre, coct-ion, pré-coc-e.

Cul;   *partie postérieure du corps, partie inférieure de plusieurs choses :* Cul-asse, cul-but-e, cul-ée, cul-ot, cul-otte, cul-l-age, ac-cul-er, re-cul-er.

Culp, coup;   *faute :* In-culp-er, dis-culp-er, coup-able, culp-ab-il-ité.

Cult;   *cacher :* Oc-cult-e, oc-cult-at-ion, oc-cult-e-ment.

Coup, cop;   *tailler :* Coup-er, cop-eau, coup-e, coup-er-et, coup-eur, dé-coup-er, re-coup-er, syn-cop-e...

Coupl-e ;   *union :* Coupl-et, ac-coupl-er, dé-coupl-é, cop-ül-
                     at-if.

Cum ;   *eau :* É-cum-e, é-cum-eur, é-cum-eux, di-spüm-
                     er, spum-eux...

Combl-e;   *sommet :* Combl-e, combl-er, cum-ul-er, ac-cum-
                     ul-at-ion.

Cup-hos ;   *creux :* Coup-e, coup-ole, cuv-e, cuv-ier...

Kupr ;   *Chypre (île dont on tirait ce métal) :* cui-vr-e...

Cur-a ;   *soin, grand désir :* Sé-cur-it-é, cur-at-eur, cur-é,
                     suc-cur-s-ale, cur-i-os-it-é, gué-r-ir...

Cur,   *blancheur, clarté :* Obs-cur, obs-cur-ant, obs-cur-
                     cir...

Cus, cut ;   *frapper :* Per-cus-sion, ac-cus-s-at-ion, ex-cus-e,
                     re-cus-er, re-per-cus-s-ion, per-cut-er, dis-
                     cut-er...

Cut ;   *peau :* Cut-an-é, cut-ic-ule, couen-n-e...

Cycl-os.   *cercle :* Cycl-ades, cycl-oïde, en-cyclo-péd-ie...

D.

Dam ;   *flam. Digue :* Amster-dam, Roter-dam, *digue de
                     la rivière Amster, Roter...*

Damn-ao, dan, dom; *mal qu'on éprouve, perte :* Con-damn-at-ion, dan-
                     ger, dom-m-age, in-demn-iser...

Dam, dom ;   *seigneur, maison :* Dam-ois-eau, dam-e, dém-
                     ois-elle, A-dam, dom-ino, dom-ic-ile, dom-est-
                     iqu-e, dom-in-er.

Dard ;   *pointe :* Dard, dard-er, dard-ill-on...

Deb-ere ;   *être obligé de faire une chose :* Déb-it-eur, dev-
                     oir, det-t-e...

Déc-or ;   *ornement :* Déc-or-é, déc-or-at-ion...

Dec-et ;   *qui est montrable :* Déc-ent, déc-en-ce, in-déc-ent.

Démo ;   *peuple :* Démo-crat-ie, dém-agog-ie...

Dens ;   *épais serré :* Dens-ité, con-dens-er, dru...

Dent ;   *os de la mâchoire :* Dent-al-e, dent-ur-e, dent-iste, tri-dent, dent-ell-e.

Derm-a ;   *peau :* Épi-derm-e.

Di ;   *montrer, exprimer :* Di-re, di-sert, di-ct-er, di-ct-ion, di-ct-ion-n-air-e, bén-ir, béné-di-ct-ion, contre-di-re, mau-di-re, mé-di-re, pré-di-re, re-ven-di-qu-er, dé-di-er, di-ssert-at-ion.

Di ;   *jour, lumière :* Mi-di, di-ur-ne, di-re, *mettre au jour, lumière,* di-v-in-it-é, di-v-in, déi-cide, déi-fi-er, déi-st-e, dev-in...

Diabol-os ;   *calomniateur :* Diabl-e, diabol-ique... .

Dig-it-us ;   *doig-t :* Dig-it-ale, doig-t-ier, dact-yl-e...

Dign-us ;   *élevé, haut :* Dign-it-é, dign-e, indign-at-ion, da-ign-er, dé-da-in.

Diti, dat, don, dot ;   *donner :* Ad-dit-ion, *don ajouté à un autre,* é-dit-ion, dat-e, *attestation du jour où un écrit a été donné,* s'a-don-n-er, dot-er, anti-dot-e, a-n-cc-dot-e, douai-re, tra-dit-ion.

Doc, dog, dex, dic,   *enseigner, penser, montrer, apprendre, parler :*
di, dis, disc ;   Doc-ile, dog-me, in-dex, syn-dic, ju-dic-ieux, ab-diqu-er, pro-dig-e, di-sc-i-pl-in-e, di-sc-our-s.

dol, dou ;   *supporter, souffrir :* In-dol-ent, en-dol-or-i, con-dol-é-an-ce, dou-lou-r-eux, a-ma-dou-e, deuil.

Dol, dul ;   *poli, uni :* Doux, a-dul-at-eur, a-dul-at-ion, a-dul-at-oire, in-dul-g-ent, dul-ci-fier, a-dou-c-ir.

Dom ;   *vaincre :* Dom-p-t-er, in-dom-p-t-able...

Dor ;   *repos, silence du tombeau :* Dor-mir, dor-t-oir, en-dor-mir, do-do, do-du, dor-lot-er...

Drag ;   *ang. Traîner :* Dragu-e, dragu-er, dragu-eur...

Dram ;   *fable :* Dram-e, dram-at-ique, mélo-dram-e...

Dress ;   *ital. Rendre, tenir droit :* Dress-e, dress-er...

Drog ;   *ital. Ingrédients :* Drogu-e, drogu-er, drogu-iste.

Duc, duit, duire ;   *mener :* Ad-duc-t-eur, con-duc-t-eur, é-duqu-er, con-dui-t, in-dui-re, intro-dui-re, ré-dui-re, sé-dui-re, tra-dui-re.

Dur;   *fort, violent :* Dur-et-é, dur-ill-on...

Dyna;   *force :* Dyna-st-ie ; dyna-m-ie, dyna-mo-mètr-e, a-dyna-m-ie, a-dyna-m-ique...

Dys ;   *mauvais, difficile :* Dys-od-ie, dys-ur-ie.

E.

Eau ;   *mer, rivière :* Bâtard-eau, rad-eau, vers-eau.

Éd-i ;   *maison :* Éd-i-fi-ce, Éd-i-fi-er, éd-i-l-e.

Électr-on ;   *ambre jaune :* Électr-ique, électr-ic-it-é.

Élég-os ;   *complainte :* Élég-i-e, élég-i-aque...

Émer ;   *jour :* Éph-émèr-e, éph-émér-id-es.

Empt ;   *ôter, enlever, acheter :* Ex-empt-ion, réd-empt-ion...

End ;   *main :* Pr-end-re, ap-pr-end-re, mé-pr-end-re, ap-pr-ent-i.

Énigm-a ;   *proverbe, sentence :* Énigm-e, énigm-at-ique...

Ens ;   *existence :* Prés-ent, abs-ent...

Erg-on ;   *travail :* En-erg-ie, én-erg-ique, én-erg-u-mène...

Ern-us ;   *qui renferme :* Ét-ern-el, ét-ern-it-é, co-ét-ern-el.

Err ;   *aller çà et là, se tromper :* Err-er, err-eur, ab-err-at-ion, err-on-n-é...

Est ;   *orient, feu :* F-êt-e, v-est-al-e, v-êt-ir, ét-uv-e.

F.

Fa-stos ;   *parole :* Fa-ble, af-fa-ble, in-ef-fa-ble, fa-stes...

Fac, fab, fai, fi, fect; *faire :* Fac-ile, ef-fac-er, fabr-ique, con-fect-ion, af-fect-er, of-fi-ce, raré-fi-er, fai-né-ant, béné-fic-e, con-fi-re, dé-fect-u-euix, in-fect-er, tra-fic, per-fect-ion, re-fect-oir-e...

Fac-i-es, fi ;   *forme, figure :* Fac-e, ef-fac-er, ef-fi-gi-e, fe-in-dre, fi-ct-ion, super-fi-c-ie, fac-ét-ie...

Fa ;   *celui qu'on nourrit, nourriture :* En-fa-nt, in-fa-nt, fa-on, fa-mil-l-e, fa-r-ine...

Falx, fau ;   couper, plier : Dé-falq-u-er, fauch-er, fauc-ill-e,
                    fau-con.
Fal, fau;   choir, tromper : Fal-l-oir, fal-l-ac-ieux, fau-x,
                    fau-te, dé-fau-t ; faill-ir, fal-s-i-fier, fau-ss-e-
                    ment, fél-on.
Fam-a ;   réputation : Fam-eux, in-fâm-e, dif-fam-er...
Fam-es ;   besoin de manger : Faim, faim-valle, fam-él-ique,
                    fam-ine; af-fam-é.
Fanta-sia ;   vision, imagination : Fant-as-mag-or-ie, fant-ai-
                    s-ie, fant-ôm-e, épi-phan-ie, dia-phan-e.
Fan-um ;   temple : Fan-at-ique, fan-at-is-me, pro-fan-e...
Far, fer;   sauvage, cruel : Far-ouche, fér-oc-e, fér-oc-it-é,
                    ef-far-ouch-er, fan-far-e, fan-far-on.
Fas-cis ;   charge, fardeau : Faix, faisc-e-au, fag-ot, af-
                    fais-s-er, faq-uin, fasc-in-e, fâ-cher, fé-tu,
                    faî-te, far-deau.
Fat-um ;   oracle, prédiction : Fat-al, fat-al-it-é, fat-al-is-te.
Fav ;   rayon de miel, ce qui est doux : Fav-eur, fav-or-
                    iser, fav-or-able.
Féder-is ;   alliance : Féder-at-ion, con-féder-é...
Fel ;   bonheur : Fél-ic-it-é, fél-ic-it-at-ion.
Feb, ferm, fer, fièv,
four;   chaleur : Fer-m-ent-er, fo-m-ent-er, fur-ieux ;
                    ferv-eur, fièv-re, four-n-aise...
Fem-in-a ;   compagne de l'homme : Fem-m-e, fém-in-in, fem-
                    elle, ef-fém-in-é.
Fen-d ;   diviser, séparer : Fen-d-re, fen-t-e, fen-d-er-ie,
                    fiss-ur-e.
Fens ;   rencontre : Of-fens-e, ce qu'on rencontre, qui nuit,
                    dé-fens-e, l'action d'ôter ce qui nuit.
Fer ;   métal : Fer, fer-r-aille, fer-r-er, fer-r-u-gin-eux ;
                    en-fer-r-er...
Fer ;   porter, produire : trans-fér-er, dé-fér-er, di-f-fér-
                    er, pré-fér-er, fer-t-il-e, fer-t-il-it-é.
Firm-a ;   appui, soutien : Af-firm-er, con-firm-er, in-firm-er,
                    af-ferm-ir, ferm-et-é, en-ferm-er...

Fess ;   *aveu, état, parole* : Con-fess-ion, pro-fess-eur...

Feu *de Phoso*, je brûle; *matière subtile qui produit la chaleur* : Foy-er, fou-c-ade, fou-gu-eux, fu-s-il, fo-m-ent-er, suf-fo-c-at-ion.

Feuille, *foli-um*;   *chevelure des arbres* : Feuill-age, feuill-e, feuille-t-on, foli-o, folli-cul-aire, trè-fl-e...

Fix-us ;   *planté, attaché* : Fich-er, fix-er, pré-fix-e, af-fix-e, suf-fix-e.

Fid-es ;   *foi, fidélité* : Fé-al, fi-an-cé, fi-ef, feu-d-at-aire, fi-er, fé-od-al, con-fi-d-ent, fi-d-èl-e, dé-fi-er, mé-fi-ant, per-fi-d-ie...

Fier ;   *élevé* : Fier, fier-té...

Fig-ur-a ;   *forme extérieure des corps* : Fig-ur-e, con-fig-ur-at-ion, trans-fig-ur-at-ion.

Flic, fl-ig ;   *tourment* : Af-fl-ict-ion, af-fl-ig-er, in-fl-ig-er, af-fl-ict-if...

Fil-um ;   *peu de chose* : Fil, fil-a-ment, af-fil-er, dé-fil-é, fau-fil-er, en-fil-er, fil-ière, tré-fil-erie...

Fils ;   *issu, né de* : Fils, fil-i-al, fil-l-ette, af-fil-ier, fil-l-eul.

Fin-is ;   *extrémité, rusé, adroit* : Fin-al, fin-aud, af-fin-er, dé-fin-i, super-fin...

Fisc-us ;   *panier, trésor* : Fisc, con-fisqu-er...

Flat ;   *doux, coulant* : Flat-t-er, flat-t-eur, fla-gorn-er...

Flam-m-a ;   *partie lumineuse du feu* : Flam-m-e, flam-m-êche, flam-iche, flam-b-eau, flam-b-erge, flam-b-oy-er, in-flam-m-able...

Fl-er ;   *grossir* : En-fl-é, en-fl-ure, gon-fl-er, in-fl-at-ion...

Flo-s, flor-is;   *fleur* : Flor-ais-on, dé-flor-er.

Flu ;   *couler* : flu-x, con-flu-ent, re-flu-er, af-flu-ence, in-flu-ence, flu-x-ion, fleu-v-e, flo-t, flo-tt-er, flu-ct-u-at-ion, flu-ide, flu-v-ial, super-flu-it-é.

Flex, flec;   *courber, briser, apaiser* : Ré-flex-ion, génu-flex-ion, flex-ible, ré-fléch-ir, arc-flet, fai-ble...

Fol;   *qui a perdu le sens* : Fol-ie, fol-âtr-e, raf-
fol-er...

Fon-s, font-is;   *eau vive* : Font-aine, font-en-ier, font-ic-ule,
Fon-ts-baptismaux...

Fondr;   *devenir liquide, couler* : Fondr-e, con-fondr-e,
font-e, fu-s-eau, fu-s-ible, dif-fu-s, ef-fus-ion.

Form-a;   *moule, modèle, ce qui est hors* : Form-e, form-
id-able, form-er, form-ule, from-ag-e, con-
form-at-ion, dé-form-er, dif-form-e, ré-form-
er, trans-form-er, frim-e, frim-ousse, for-um,
fau-bourg.

Fors, fort-is;   *hasard* : Fort-uit, fort-une...

Fort-ia;   *énergie, vertu* : Forc-e, forc-er, fort, fort-er-esse,
con-fort, ef-fort...

Fou-i, foss;   *creuser* : En-fou-ir, fou-ill-er, foss-e, fond, fond-
at-ion, fon-c-er, en-fon-c-er, pro-fond...

Frau-s, fraud-is; *tromperie* : Fraud-e, fraud-ul-eux.

Frac, frag, fr, frang, *briser* : Frac-ass-er, fract-ion, an-fract-u-os-it-é,
fring, froi, fri;   frag-ment, frag-il-e, fr-êle, frang-e, re-fring-
e-nt, froi-ss-er, fri-v-ole...

Franc;   *libre* : Franc, franch-ise, af-franch-ir...

Fren-um;   *mors, bride* : Frein, ef-frén-é, en-chi-fren-é...

Fri, froi, frai;   *froid* : Re-fri-gér-ant, fri-l-eux, fri-ss-on, frim-as,
froi-d-ure, fraî-ch-e, a-fri-que, frém-ir...

Fr-ic;   *frotter* : Fr-ict-ion, dent-i-fr-ice.

Frip;   *consumer, gâter* : Frip-er, frip-on, frip-ier...

Fro-ns, front-is; *le haut du visage* : Front, front-on, front-ière, af-
front-er, con-front-er, re-frogn-er.

Fro, far, fer, fru, *porter, produire* : Fro-ment, far-ine, far-d-eau,
fère, fri;   fert-ile, fru-it, cruci-fère, dé-fri-ch-er...

Fu;   *ce qui passe, ce qui n'est plus* : Fu-ir, fu-mée,
fut-ile, fu-t.

Fu-l, fou;   *briller* : Fu-lm-in-er, fou-d-r-e, fou-d-r-oy-er.

Fun;   *corde* : Fun-ambule, fun-ic-ul-aire...

Fur;   *feu, chaleur* : Fur-eur, fur-ieux...

Fur, furt ;   *vol, surprise, ruse* : Fur-t-if ; fur-t-iv-e-ment?..

'Fus ;   *bruit du fuseau* : Fus-eau , fus-ée, fus-i-forme.

Fust, *gaulois.* fou, fla, *bois , bâton, verge* : Fût, fût-aie, fu-st-ig-er, fou-et-t-er , fl-ag-ell-er.

G.

Gach ;   *all. Eau* : Gâch-is, gâch-eur ; gâch-eux, gâch-oir...

Gag ;   *all. Dépôt* : Gag-e, gag-er, gag-ist-e , en-gag-er..

Gal-ea ;   *vaisseau* : Gal-ère, gal-ér-ien, gal-ion , gal-i-ote , gal-erie.

Gam ;   *ensemble , mariage* : Ama-l-gam-e , bi-gam-e, poly-gam-ie...

Gaô ;   *rire* : Gai, gai-t-é, é-gay-er , gau-ss-er...

Gard ;   *all. Maintenir, conserver* : Gard-e, gard-ien, re-gard-er, é-gard, gar-e, gar-ant, é-gar-er...

Garn ;   *all. Munir* : Garn-ir ; garn-i-s-on , garn-i-s-aire...

Gast ;   *ravager* : Gât-er, gât-eau, dé-gât...

Gastr ;   *ventre* : Gastr-onome , gastr-ique, gastr-ite.

Gaus-os ;   *oblique* : Gau-ch-e, gauch-erie, dé-gauch-ir...

Gem , gen , germ ; *engendrer, naissance, domination, qui préside à la formation* : Gém-eaux , gent , gent-il , gén-ie, gén-ér-al , indi-gèn-e , gén-ér-at-ion, gén-é-a-log-ie , gen-èse, en-gean-ce, en-gen-d-r-er, gén-ér-eux , pro-gén-it-ure , in-gén-ieux , germ-e , germ-ain, germ-in-al , quadr-a-gé-s-ime.

Géo , gée , ge ; *terre* : Géo-log-ie , géo-gra-ph-ie, apo-gée, péri-gée , indi-ge-nt , gé-ant , gueux...

Ger-as , gest ; *charge, emploi , porter* : Sug-gér-er , di-gér-er , gest-e , gest-ion , di-gest-ion...

Gib ;   *élévation* : Gib-et...

Glac-ies ;   *eau congelée* : Glac-e , gliss-er, gel-er , gél-at-ine , en-gel-ure...

Gla-dius ;   *épée* : Gla-d-i-at-eur, gla-i-v-e, gla-ï-eul.

Glomer ; ... amas. : Ag-glomér-at-ion, ag-glomér-er...

Glor ; éclat : Glor-ieux , gloir-e , glor-i-ole.

Glos ; glot, glut ; langue : Glos-s-aire , glos-er , bu-glos-s-e , épi-glot-te , dé-gust-er , goût-er , dé-glut-it-ion...

Glu-s ; coller : Glu , glu-t-en, ag-glu-t-in-er, glu-au , gl-aire , a-veu(vue)-gl-e.

Gone ; angle , coin , race : Ennéa-gone, théo-gon-ie, dia-gon-ale , cogn-ée , cogn-er...

Got ; Dieu : Bi-got bey mon got Dieu...

Gra ; croître, produire : Grain , grain-e , gren-er , gran-ge, gren-aill-e, gran-ul-er, gra-min-ée, gra-nd , gre-nier...

Gra, gre, gri ; incision : Greff-e , griff-e , gripp-er , é-grat-ign-er , a-graff-e...

Gra-tia ; gre ; affection, remerciment : Grâ-ce , a-gré-er , a-gré-able , agra-t-ifier , con-gra-t-uler , in-gra-t , re-gre-t.

Grad-us , gred, gres ; élever , marcher , pas : Grad-in, retro-grad-er , pro-grès , di-gres-s-ion , trans-gres-s-er , gred-in , a-gres-s-eur , pro-gres-s-if, con-grès...

Gramm-a, graph-o ; lettre , écrire : Gramm-aire , science des lettres , ana-gramm-e , épi-gramm-e , homo-gramm-e , graph-ique, épi-graph-e ; griff-e.

Grav-is , grev, griev, lourd, pesant : Ag-grav-er, grav-it-er ; dé-grev-er , gros ; griév-e-ment, grief, gros, gros-s-ier...

Gre ; brillant : Nè-gre ; dé-ni-gr-er...

Gré, gr-u ; assentiment, convenance : A-gr-é-er, a-gr-é-able , con-gr-u, in-con-gr-u-it-é.

Greg ; troupe, incorporation : Ag-grég-at-ion, a-grég-er , cou-grég-at-ion...

Grim ; espagnol. Contorsion : Grim-ace, grim-ac-ier , grim-aud...

Grimp ; onomatopée, bruit qu'on fait en grimpant : Grimp-er.

Grin ; onomatopée, bruit des dents en se frottant les unes contre les autres : Grin-c-er, grin-c-e-ment.

Guerr ;   *celt. Wer, différent :* Guerr-e, guerr-ier...
Guis ;   *mode, façon :* Guis-e, dé-guis-er...
Gul, gueul-e ;   *bouche, gosier :* Ju-gul-er, ju-gul-aire, gueul-e,
                        dé-gueul-er.
Gut ;   *eau :* Goutt-e, goutt-ière, dé-goutt-er, é-gout,
                        gutt-e.
Gymnos ;   *nu :* Gymnas-e, gymnas-t-ique.

H.

Habil ;   *capable :* Habil-e, in-habil-e, habil-ement, ré-
                        habil-it-er, ex-hib-er, pro-hib-er.
Hab ;   *avoir :* hab-it-er, hab-it-u-er, hab-it-ude.
Hal ;   *onomatopée, souffle, élévation, ardeur :* Hal-ein-e,
                        ex-hal-er, hâl-er, hal-et-er, hen-n-ir.
Ham ;   *faux :* Ham-eç-on...
Han, hen, en ;   *main :* Han-ter, com-pré-hen-s-ible, com-pr-en-dre.
Harmoni-a ;   *accord, justesse :* Harmoni-e, harmoni-eux...
Harp-azo ;   *saisir :* Harp-e, harp-on, harp-ie, harp-in, harp-
                        ag-on.
Hedr ;   *siège, base :* Cat-hédr-al-e.
Héli-os ;   *soleil :* Ap-héli-e, péri-héli-e, héli-os-cop-e...
Héli-a ;   *tour, circuit :* Héli-ce, héli-c-oïde...
Hémer ;   *jour :* Ep-hémèr-e, ép-hémér-ides...
Her, har ;   *élevé :* Hèr-e, hér-it-ier, *seigneur successif,* hér-
                        on, har-di...
Hend, hens ;   *craindre :* Ap-pré-hend-er, ap-pré-hens-ion...
Her, hes ;   *attaché fortement :* Ad-hér-er, in-hér-ent, co-
                        hés-ion...
Hes ;   *bégayer :* Hés-it-er, hés-it-at-ion.
Heur ;   *fortune :* Bon-heur, mal-heur, heur-eux...
Heurt ;   *all. coup rude :* Heurt-er, heurt-oir...
Hi ;   *bailler :* Hi-at-us...
Hil ;   *grain :* An-ni-hil-er, ni-hil-ité.

*Hiér-os;.   sacré : Hiér-archi-e, *hyér-o-glyph-e...

Hir;   le printemps : Hir-ond-elle, arond-e, arond-el-at.

Histor;   habile, savant : Histoir-e, histor-ien..

Host-is;   le premier venu, étranger : Hôt-e, hôt-el, hosp-
                             it-al-it-é, ot-ag-es...

Hum-us, hom;   terre : ex-hum-er, hum-an-it-é, post-hum-e,
                             hom-m-e, hum-bl-e, hum-il-i-er...

Hon-or;   gloire, estime qui suit la vertu : Hon-or-er, hon-
                             n-eur, hon-n-êt-e...

Hum, hydr-os;   eau : Hum-eur, hum-or-ist-e, hum-ect-er, hydr-
                             o-gèn-e, hydr-o-phob-e, hiver, hydr-au-l-ique,
                             *hydr-o-mel...

Hymn-os;   chant : Hymn-e, *hymn-ist-e.

Huis;   porte : Huis-s-erie, huis-s-ier...

I.

Icono;   image : Icono-cla-st-e, icono-graphi-e, icono-log-ie.

Id-ea;   vue : Id-é-e, id-é-al, *id-ent-i-fi-er, id-éo-log-ie...

Idi-os;   propre, particulier : Idiô-m-e, idio-t-ism-e, id-ol-e,
                             id-ol-âtre...

Ig-er;   agir : Ex-ig-er, trans-ig-er...

Ign;   feu, soleil : Ign-ée, ign-i-cole...

Im;   le fond, le plus profond : In-f-im-e, in-t-im-e...

Im;   de mi les eaux dans les quelles se peignent les ob-
                             jets : Im-ag-e, im-ag-in-er, im-it-er...

Im-pera-re;   commander : Em-pir-e, em-per-eur, im-pér-at-r-
                             ice, im-pér-at-if, im-pér-i-eux.

Ir-a;   colère : Ir-r-it-er, ir-a-sc-ible...

Iso-s;   égal : Isos-cèle, iso-gone...

Iss;   sortie : Iss-ir, iss-u-e...

It;   l'action d'aller : Circu-it, amb-it-ion-n-er, it-in-
                             ér-aire, it-ér-at-if, ré-it-ér-er, sub-it, trans-it,
                             in-it-i-al.

J.

Jac, ja, ject;   jeter, lancer : Jac-ul-at-oire, jaill-ir, in-ject-ion,
     inter-ject-ion, jact-ance, re-jaill-ir, pro-ject-ile,
     con-ject-ure, ob-jet, pro-jet, su-jet, tra-jet...

Jas;   pie : Jas-er, jas-er-ie...

Jeu, jou;   l'existence : Jeu-n-e, jeu-n-esse, ra-jeu-n-ir, jouv-
en-ce.

Jeûn;   affliction : Jeûn-e, jeûn-er, jeun.

Jo, jou, ju;   ce qui est agréable, amusant : Joie, jeu, joy-au,
     bi-jou, jou-jou, jou-ir, bi-jou-t-ier, jou-er, jou-
ail-ler.

Jonc;   marais : Jonc, jonch-er, a-jonc...

Jou, jug, join, jonct; lien, joug : A-jou-t-er, con-jug-ais-on, con-join-t,
     sub-jonct-if.

Juch;   sommet : Juc, juch-er, juch-oir.

Jud, id;   secours, assistance : Ad-jud-ant, co-ad-jut-eur,
     a-id-e, a-id-er...

Ju;   sauce, bouillon; droit, juger : Ju-st-e, celui-qui
     fait la part de chacun : Ju-st-ice, ju-di-c-ieux,
     ju-di-c-i-aire, ju-di-c-at-ure, ju-r-i-d-ict-ion, ju-
     r-er, pré-ju-g-é, pré-ju-di-c-e, pré-ju-di-c-iel,
     ju-t-eux, ver-ju-s.

L.

Lab;   main, travail : Lab-eur, lab-our, lab-or-at-oire,
     lab-or-ieux, é-lab-or-er...

Lab;   prendre, lèvre, espèce de main : Lab-i-ale, syl-
lab-e, lib-at-ion...

Lac;   lait : Lac-t-ée, lact-i-fère, la-it-age, la-it-er-on,
     la-it-ière, la-it-ue, ab-lac-t-at-ion...

Lac;   déchirer : Lac-é-ré, lac-une, loqu-e, morceau
     déchiré...

Lac, lach, lax, lec; *filet :* Lac-et, en-lac-er, lâch-er, dé-lic-at, re-lax-
at-ion, dé-lec-ter...

Lam, leg, las; *malheur, affliction :* La-m-ent-at-ion, é-lég-ie, las-
s-it-ude...

Lan-g; *rfaible :* Lan-g-u-eur, lang-u-iss-ant...

Lang, loc, logue, log, *langue, parole :* Lang-ue, col-loq-ue, é-loc-ut-
ling; ion, loq-u-ac-it-é, log-ique, log-arithm-es,
amphi-bo-log-ie, étymo-log-ie, apó-log-ie, cata-
log-ue, é-log-e, é-loq-u-ence, ling-u-ist-ique...

Lap-is, lith; *pierre :* Lap-id-aire, lap-id-er, litho-graph-ie, aéro-
lith-e...

Larg-us; *étendu :* Larg-e, larg-ess-e, é-lag-u-er...

Las-sus; *fatigué :* Las, las-s-er, las-s-it-ude, dé-las-s-er...

Lat, li; *porter :* Di-lat-er, re-lat-ion, trans-lat-er, fre-lat-
er, re-lay-er...

Lat; *cacher :* Lat-r-ine, dé-lat-eur...

Lat; *côté, largeur :* Lat-ér-al, équi-lat-ér-al, lat-it-ude.

La-v, lu; lus, lu-v; *eau, nettoyer avec de l'eau :* La-v-er, la-v-and-ière,
ab-lu-t-ion, dé-lu-ge, li-v-ide, lu-str-at-ion, à-
lu-v-ion, dé-lay-er, anté-di-lu-v-ien...

Leg; *dire, envoyer :* Lég-at, lég-at-aire, leg-s, dé-lég-
at-ion, sub-dé-lég-u-é...

Lega, ligi, lect; *lire, choisir :* É-lég-ant, é-lig-ible, é-li-re, é-lect-
eur, lect-ure...

Len; *flexible :* Lent *qui plie sous le fardeau,* r-a-lent-ir.

Les, lis, lit; *couper, tailler :* Les-ion, col-lis-ion, é-lis-ion,
lit-ige...

Léthé; *oubli :* Léth-é, léth-arg-ie, léth-arg-ique...

Lev; *main, léger :* Le-v-er, lev-ant, lev-ier, é-lev-er,
en-lev-er, re-lev-er, re-lief, lég-er, lég-èr-eté,
al-lé-g-er, liég-e...

Liber; *indépendant :* Liber-té, liber-t-i-cide, libér-er, dé-
libér-er, liber-t-in...

Lib; *écorce :* Lib-er, lib-ell-e, libr-air-e, livr-e, livr-et.

Lic-et; *qui est permis :* Lic-ence, il-lic-it-e...

4.

Lig-arc ;   *amasser, lier, recueillir :* Intel-lig-ent, re-lig-
     ion , lig-a-m-ent', col-lég-e , lég-al , lég-iste ,
     lég-it-ime , lig-at-ure , li-c-ou , al-li-ance , loi ,
     loy-al , al-li-age , ob-lig-er , r-al-li-er...

Lim , lix , lux ;   *haut :* Sub-lim-e , lim-on , lim-on-ier , é-lim-in-er,
     pro-lix-e , lux-e...

Lin ;   *trait, délié :* Lin-é-air-e , lign-e , a-lign-er.

Ling , lan-c-e ;   *bois :* Lign-eux , lan-c-e...

Lip ;   *défaut, manquement :* Ec-lip-se , el-lip-se...

Liqu-i ;   *couler :* Liqu-eur , liqu-i-d-e , liqu-i-d-at-ion , la-
     crim-al , larm-es...

Lis , lit ;   *bord :* Lis-ière , lis-te , lit-t-or-al...

Litt ;   *caractère :* Litt-ér-at-ure , lett-re...

Lit , lut ;   *querelle :* Lit-ige , lit-ig-ieux , lut-t-e.

Loc-us ;   *lieu, emplacement :* Loc-al , log-e-ment , lo-u-er ,
     col-loq-u-er , dis-loc-at-ion , loc-o-mo-b-il-e ,
     loc-at-is.

Lot ;   *part :* Lot , lot-ir , lot-er-ie , lot-o.

Lou , lou ;   *élevé , étendu :* Lou-er , lou-ange , lou-g-it-ude , é-
     lo-ge...

Lu ;   *lumière :* Lu-is-ant , en-lu-m-in-er , il-lu-m-in-er ,
     lu-ne , lu-c-ide , lu-st-re , hal-lu-c-in-at-ion ,
     al-lu-m-ette.

Lud , lu-s ;   *jeu :* É-lud-er , al-lu-s-ion , il-lu-s-ion...

Lug , liv ;   *deuil :* Lug-ubr-e , liv-ide...

Luq ;   *regarder :* Re-loq-u-er , *lokan*, sanscrit; *look*,
     ang.; *lugen*, all.; *luke*, norwégien...

Lux ;   *écarter :* lux-er , lux-at-ion...

Lym , lim ;   *eau :* Lym-phe , nym-phe , lim-p-ide , lim-on...

Lys ;   *dissolution :* Ana-lys-e , ana-ly-t-ique...

M.

Ma , mé , ma-tr ;   *mère :* Ma-r-âtre , ma-m-elle , mè-re , ma-t-er-n-el,
     ma-tr- i-mon-i-al , ma-tr-ou-e...

Mac; ... gâter : Mac-ér-er, mac-ér-at-ion, mat-er...

Mast, mâch; broyer : Mast-ic, mast-ic-at-ion, mâch-er, mach-
oire, max-ill-aire...

Machi, méc; invention, art : Machi-n-e, machi-n-al, méc-an-
ique...

Mag; chef, grand, habile : Magi-str-at, ma-jeur, magn-
anime, mag-e, mag-ie, maj-est-é, magi-st-er,
mal-t-re (mag-st.)...

Magn-ès; aimant : Magn-és-ie, magn-ét-isme, magn-ét-ique.

Mai, mich; petit : Mai-gre, mich-e...

Mall; enveloppe : Mall-e, mall-et-ier, mall-ette...

Mal; noirceur : Mal-ice, Mal-in, mau-vais...

Man; lune : Man-iaque, man-ie...

Mana-re; tomber goutte à goutte : É-man-er, é-mana-t-ion.

Man-ôs; ouvert : Main, main-ten-ir, man-ch-e, man-ch-
ot, man-qu-er, mand-er, com-man-d-er, de-
man-d-er, men-ac-er, men-er, é-man-cip-er,
man-i-fest-er, man-œuvr-e, man-ég-e, man-ier,
man-u-el, man-u-fact-ure, men-ottes, man-su-
ét-ude, douceur à la main.

Man, men; voile : Man-t-eau, man-ti-e (ti jour, divination),
m-n-song-e...

Man; habitation : Man-aut, mén-age, per-man-ent, man-
oir, men-il...

Mand-ere; mâcher et avaler : Mand-uc-able, mand-u-c-at-ion,
mang-er, mang-eur, mand-ib-ule...

Mar, mairô; je brille : Mar-br-e, mar-br-er; mar-br-ier...

Mart; force : Mart-eau, mart-el-er, mart-in-et...

Mar, mer; étendue d'eau : Mar-ais, mar-é-e, mar-é-c-age,
mar-in, mar-in-e, a-mar-in-er, mar-aich-er,
mar-e, mar-éc-age, em-mat-in-er, é-mer-sion,
im-mer-sion, sub-mer-ger...

Marm; petit : Marm-ot, marm-ou-s-et; marm-aille...

Mau-ros; noir, fâcheux : Mau-re, mord-or-é, maur-ic-aud,
mer-le, mor-ille...

Mar ;   *mâle, chef de famille.* : Mar-i, mar-it-al, mar-
                         i-age...

March ;   *all. Mark, borne, ce qui désigne, mesure, poids,*
                         cheval : March-e, march-er, marg-e, marg-in-
                         al, marqu-is, margr-ave, marqu-e, remarqu-e,
                         march-and, mar-éch-al...

Martyr ;   *témoin* : Martyr-e, martyr-iser, matyr-o-log-e,
                         martr-oi...

Mas, mâl ;   *fort* : Mas-cul-in, mâl-e...

Mas ;   *habitation* : Mas-ure, mai-s-on, maç-on...

Mass ;   *poids* : Mass-e, mass-ue, mass-if, mass-acr-er,
                         a-mas, a-mass-er, ra-mas...

Masq ;   *qui cache, qui déguise* : Masq-u-e, masq-u-er,
                         masc-ar-ade ..

Mathéma ;   *la science par excellence:* Mathéma-t-iqu-e, mathémat-
                         t-ic-ien...

Mat, mit ;   *mur, doux*: Mat-u-r-it-é, mit-ig-er...

Mazo-s ;   *mamelle* : A-mazô-ne.

Mé ;   *ouverture* : Mé-at, im-per-mé-able, imper-mé-
                         ab-il-it-é.

Me-d-ius, mer-os; *milieu* : Mé-di-al, mé-di-at-eur, mé-di-ocre, mé-
                         ri-di-en, mé-t-is...

Med ;   *connaître, méditer, étudier:* Méd-ec-in, re-mèd-e,
                         méd-ic-a-ment...

Mel, meil, mil;   *jaune, excellent* : Mél-od-ie, meil-l-eur, miel,
                         mil-an, a-mél-i-or-er...

Mela-s ;   *noir* : Méla-n-col-ie...

Men, menc, mem; *esprit* : Men-t-al, dé-menc-e, clé-menc-e, mém-
                         oir-e, mném-os-yn-e, mem-en-t-o, mém-or-at-
                         if, re-mém-or-er *(ce qui est dans l'esprit avec)*.

Mend ;   *peine, correction* : A-mend-e, a-mend-e-ment, a-
                         mend-er.

Mens ;   *table* : Com-mens-al, com-mens-al-it-é.

Mens, mètr, mes; *étendue* : Im-mens-e, di-mens-i-on, mètr-e, mes-
                         ure, mes-ur-able...

Mercure; *dieu des marchands* : Merc-re-di, merc-ur-i-ale, merc-ier, merc-ant-ile ; com-merc-e...

Mer; *récompense, salaire, vertu, qualité* : Mér-it-e, mér-it-er, professeur é-mér-it-e, dé-mér-it-er.

Mer, mir ; *qui excite l'admiration* : Mer-v-eille, mer-v-eilleux, ad-mir-at-ion, mir-acle...

A-Mer; *goût des eaux de la mer* : A-mer, a-mer-t-ume...

Mès; *parmi, entre* : Mê-ler, mé-l-ang-e...

Met, mes, mis ; *placé, envoyé* : Ad-met-t-re, mes-s-ag-e, mis-s-iv-e; com-mis, sou-mis...

Met ; *connaissance* : Arith-mét-ique...

Météor-os ; *haut, élevé* : Météor-e, météor-o-log-ie...

Mêts ; *manger* : Met-s, co-mest-ible, entre-mêt-s...

Meu, mob, mov, mot; *secousse, agitation* : É-meu-t-e, im-meu-ble, mob-ile, a-mov-ible, in-a-mov-ible, com-mo-t-ion, mo-t-eur...

Mi ; *de eau, dans laquelle se peignent les objets* : I-mi-t-er, mi-mo-log-ie, panto-mi-me, i-ma-ge...

Mi-c ; *petit* : Mi-e, mi-et-te, mi-che, mi-chon, mi-cro-scop-e...

Mil, mul ; *combat* : Mil-it-air-e, é-mul-at-ion...

Min; *grand* : É-min-ent, pro-é-min-enc-e...

Min, men; *fin, délié* : Min-ce, men-u, men-u-i-si-er, di-min-u-er...

Mir; *regarder, être surpris* : Mir-acle, ad-mir-er, mer-v-eil-l-e, mer-v-eil-l-eux, é-mer-v-eil-l-er...

Mis ; *peine et travail* : Mis-èr-e, mis-ér-i-corde, com-mis-ér-at-ion...

Mis-c; *mélange* : Mix-t-ion, mix-t-e, mix-t-ur-e, mêt-eil, im-misc-er (s'), pro-misc-u-it-é...

Miss ; *héb. Offrande* : Mess-e, miss-el...

Mit ; *doux* : Mit-on-n-er, mit-is, mit-ig-er...

Mod ; *mesure, étendue, moyen* : Mod-e, mod-ér-é, mod-èl-e, mod-ér-at-ion, im-mod-ér-é, mod-est-ie, mod-ique, mœurs, mor-al-e, mor-i-gén-er...

Mol, meul, moul; masse, broyer : Môl-e, mol-est-er, mol-ette,
　　　　　　　　　dé-mol-ir, é-mol-u-ment, mol-aire, meul-e,
　　　　　　　　　moul-in, a-mol-l-ir, é-mol-l-ient, mol-l-us-que.

Mol, mou, mus; tendre, doux, agréable : Mol-l-esse, mou-ill-er,
　　　　　　　　　mus-e, mus-ique, mus-cat, mouss-e...

Mont;　　　　　élévation, grand : Mont-agn-e, mont-er, pro-mont-
　　　　　　　　　oir-e, re-mont-er, ultra-mont-ain...

Mon-ere;　　　　avertir : Mon-u-ment, mon-it-eur, mon-n-aie, ad-
　　　　　　　　　mon-est-er, mon-str-e, mon-tr-er...

Mon-o;　　　　　un seul : Moin-e, mou-tier, mon-arqu-e, mon-o-
　　　　　　　　　gramm-e...

Mond;　　　　　propre, net : Mond-e, que les Grecs ont appelé le
　　　　　　　　　BEAU, im-mond-e, im-mond-ic-es, é-mond-er.

Mor,　　　　　　folie : Mor-os-e, mor-os-it-é.

Mor ;　　　　　　partie : Mor-c-eau, mor-c-el-er, mem-bre...

Mord-ere, mors; diviser en mangeant : Mord-re, mors-ure, a-
　　　　　　　　　morc-e, re-mords..

Morph;　　　　　forme : Méta-morph-os-e...

Mu, murm, mou; grondement, soufle : Mu-g-ir, mu m-ur-e, mou-
　　　　　　　　　che, mu-qu-eux, mou-cher...

Mot;　　　　　　parole : Mot, mot-et...

Mu, mob, mot, mut; déranger, agiter : Com-mu-er, mob-i-le, mut-
　　　　　　　　　at-ion, é-mot-ion, mot-if, mot-i-v-er, mut-in,
　　　　　　　　　mut-il-er, per-mut-er, mut-u-el.

Mu ;　　　　　　se taire : Mu-et, mu-t-isme...

Mul;　　　　　　abondance : Mul-t-it-ude, mul-t-i-pl-i-er, pro-
　　　　　　　　　mul-gu-er...

a-Mun-ô;　　　　défendre : Mun-i-cip-al, mun-it-ion, dé-mun-ir,
　　　　　　　　　pré-mu-nir, com-mun-e, com-mun-i-er, im-
　　　　　　　　　mun-it-é, min-i-stre.

Mur-us;　　　　rempart : Extra-mur-os, mur, mur-aille, mur-
　　　　　　　　　er, claque-mur-er...

Mus;　　　　　　nez : Mus-eau, mus-el-er, mus-el-ière, mus-er-olle.

Mus;　　　　　　all. Oisiveté : Mus-er, a-mus-er, a-mus-em-ent,
　　　　　　　　　a-mus-ette, mus-ard...

Mutil-are ;   *casser, rompre* : Mutil-er, mutil-at-ion, mutil-at-eur...

Muth-os ;   *fable* : Myth-o-log-ie...

Mys ;   *de mu. Ne dites mot* : Myst-ère, myst-i-fier, myst-i-fic-at-ion, myst-i-que.

N.

g-Nar-us ;   *instruit, intelligent* : Nar-r-er, nar-r-at-ion, in-é-nar-r-able...

Na-r , na-s ;   *nez* : Na-ri-ne, na-s-eau, na-s-al, na-s-ard, na-s-ill-er, re-ni-fl-er, mor-ni-fl-e.

Na, nat, nar, nau;   *vaisseau* : Na-ger, na-t-at-ion, na-v-ire, nau-frag-e, aéro-nau-t-e, nef, na-celle, nau-t-iqu-e, na-v-ig-at-eur...

Na-t, nais, né ;   *mis au jour, produit* : Na-t-al, na-t-ion, na-t-ur-e, na-iss-ance, na-ît-re, in-né, no-ël, na-ïf.

Na-u-s ;   *soulèvement du cœur* : Na-u-s-ée, na-u-s-é-a-bond-e.

Neb ;   *nuage* : Né-b-ul-eux, né-b-ul-os-it-é...

Necro-s ;   *mort* : Nécro-manc-ie, nec-tar (*préserver*), nécro-log-ie...

Nephr, ner ;   *force, vigueur* : Néphr-ét-ique, ner-f, ner-v-eux, né-v-r-al-gie, é-ner-v-er, ner-v-ur-e, é-ner-g-ie.

Nid-us ;   *maison* : Nid, ni-ais, ni-ch-e, ni-ch-ée, ni-g-aud.

No ;   *fruit de l'ame, connaissance* : No-t-e, no-t-ion, no-t-i-fi-er, con-na-ît-re, pro-no-st-iqu-er, ig-no-rer, ig-na-re.

Nom, norm ;   *forme, loi, règle* : A-nom-al, agro-nom-e, éco-nome, *qui règle la maison*; astro-nom-i-e, physio-nom-i-e, norm-al, a-norm-al, é-norm-e.

Nom ;   *partie* : Bi-nom-e, tri-nom-e, iso-nom-e...

Nom ;   *éclat, qualification, titre distinctif, noblesse* : Nom-in-al, nom-en-cl-at-ur-e, syn-o-nym-e, ig-nom-in-ie, re-nom-m-é-e, méto-nym-ie, onom-

at-op-ée, paro-nym-e, no-ble, pseudo-nym-é,
a-n-o-nyme...

Nonc ;   *qui porte les nouvelles :* Non-ce, an-nonc-er, re-
nonc-er, dé-nonc-er, pro-nonc-er...

Nonn ;   *vierge sacrée :* Nonn-é, nonn-ain, nonn-ette...

Nord ;   *all. Froid :* Nord, nor-man-d, nor-w-ége...

Nou, nex ;   *fil, liaison :* Nou-er, nœu-d, an-nex-é, con-nex-
ion, con-nex-it-é...

Nov-us, néo-s ;   *nouveau :* Nov-at-eur, nouv-elle, néo-log-ie, in-
nov-er, nov-ic-e, néo-phyt-e...

Nutr-ir-i ;   *élever ce qui est jeune :* Nutr-it-ion, nutr-it-if,
nour-r-ir, nour-r-ice, nour-r-it-ure...

Nu-ptus (de nub-ere);   *caché :* Nu-pt-i-al, nu-bil-e, no-c-es...

Nu-x, no-ct ;   *sommeil :* Nu-it, no-ct-ur-ne, équi-no-x-ial, mi-
nu-it...

Nu-dos ;   *découvert :* Nu, nu-d-it-é, nu-e-ment, dé-nu-er,
va-nu-pieds.

Nu-i-re, no-c ;   *(de Nekros mort) causer du dommage :* Nu-i-re,
nu-is-ible, en-nu-i, in-no-c-ent...

Numer, nombr ;   *distribuer :* Numér-er, numér-aire, é-numér-at-
ion, sur-numér-aire, nombr-er, dé-nombr-e-
ment, in-nombr-able.

O.

Ocul-us, igl, icl ;   *organe de la vue, lucarne, bourgeon, lustre :* Ocul-
i-st-e, in-ocul-at-ion, bi-n-ocl-e, œil, œil-l-
ad-e, œil-l-et, b-igl-er, be-s-icl-es, oc-cul-t-a.

Oc ;   *grand :* Oc-éan, oc-éan-ie, oc-éan-ique.

Occ, ois ;   *repos :* Nég-occ, ois-iv-et-é, ois-if, l-ois-ir.

Odi ;   *je hais :* Odi-eux, odi-euse-ment.

Od-e, od-ie ;   *chant :* Od-e, ép-od-e, pros-od-ie, palin-od-ie,
psalm-od-ie, mél-od-ie, par-od-ie.

Od-e ;   *chemin :* Méth-od-e, ex-od-e, péri-od-e, syn-
od-e.

Oiss-e ;   de Oikos, maison : Par-oiss-e, par-oiss-i-al ; par-
                         oiss-ien.

Ol, ult ;   grand, élevé : Vi-ol, vi-ol-ent, ad-ol-esc-ent, ad-ult-e.

Odo-r, oli ;   odeur : Od-eur, odo-r-ant ; odo-r-i-fér-ant, in-
                         odo-r-e, absoli-r.

Olig ;   petit nombre : Olig-arch-ie, olig-arqu-e, olig-o-
                         chron-e.

Omni-s ;   tout : Omni-pot-ence ; omni-vor-e.

On-us ;   charge : On-ér-eux ; on-ér-aire.

Ond ;   eau : Ond-é, ond-oy-ant, ond-ul-at-ion, ond-ul-
                         er, in-ond-at-ion, a-b-ond-ant, qui produit
                         beaucoup d'eau.

Onym-e ;   nom : Syn-onym-e, hom-onym-e.

Op-s ;   richesse, puissance : Op-ul-ent, tr-op, c-op-i-e,
                         c-op-i-eux, c-op-i-euse-ment.

Opt-ô ;   voir, choisir : Opt-er, opt-ique, opt-ion, ad-opt-
                         er, opt-imi-ste.

Op-us, oper-are ;   d'où over-are, d'où ouvr. Travail, industrie : Op-
                         us-cule, opér-er, opér-at-ion, ouvr-er, ouvr-
                         ier, ouvr-age.

Or ;   jour, commencement : Ex-or-de, or-ig-in-e, hor-
                         is-on, or-n-er.

Or ;   métal, couleur du soleil : Or, or-ang-e, or-fèvr-e,
                         or-i-flam-m-e, or-i-fèr-e, aur-or-e, d-or-er,
                         simil-or.

Orb-is ;   cercle : Orb-e, orb-it-e, ex-orbit-ant.

Os, or-is ;   bouche : Os ti-e, ad-or-er, mettre la main sur la
                         bouche par respect ; or-al, or-ais-on, or-at-eur,
                         or-at-oire.

Orama ;   vue : Pan-orama, di-orama, cosm-orama.

Ord-o ;   de Orthos, droit : Ord-re, ord-on-n-er, ord-in-
                         al, co-ord-on-n-er, dés-ord-on-n-é, extra-ord-
                         in-aire, sub-ord-on-n-é.

Os ;   fort, dur : Os-s-u-aire, os-s-eux, os-s i-fi-c-at-ion,
                         os-téo-log-ie, dés-os-s-er.

Ou-îr ;   *entendre* : Ou-i , in-ou-i, or‑cill-e *(de auricula)*, au-r-ic-ul-aire , audi-ence, ex-au-c-er.

Ov ;   *brebis :* Ov-at-ion, *triomphe où l'on immolait une brebis.*

Ov-um ;   *seul :* Œuf , ov-aire, ov-al-e , ov-i-par-e , o-mel-ette , o-g-iv-e. .

Ortho-s ;   *droit :* Ortho-graph-e , ortho-dox-e , ortho-péd-ie.

Ox ;   *acide, piquant :* Ox-id-e , ox-id-er , ox-i-gèn-e , pro-t-ox-ide, pér-ox-ide, os-cill-e.

P.

Pa ;   *béquée qu'on donne à l'oiseau* : Pa-î-t-re, ap-pâ-t, pâ-t-is-s-ier , pa-st-eur, pâ-t-ur-age , pa-c-age, pâ-t-ur-e , re-pa-s, pa-st-or-ale, pa-st-il-l-e.

Pa-ct ;   *marché* : Pa-ct-e , pa-y-er *remplir le marché,* pai-x , pai-si-ble , pac-i-fier.

Pal-us ;   *pieu :* Pal-ée , pal-i-fic-at-ion , pal-is , pal-is-s-er, pal-is-s-ade , es-pal-ier.

Pal, pil ;   *élevé :* Pal-ais , pa-ill-e, pil-a-stre , pil-or-i.

Pal ;   *pelle :* Pal-ette , pal-on , pal-on-ier.

Pall-ium ;   *manteau :* Pall-i-er *sue faute,* pall-i-at-if.

Palp-are ;   *toucher doucement :* Palp-er , palp-able , im-palp-able , palp-it-er.

Pan-o ;   *je mange :* Pain , pan-et-ier , pan-ier , pan-ade , a-pan-age , pan-i-f-ic-at-ion.

Pag-are ;   *grandir :* Pro-pag-er , pro-pag-aude.

Pan, pen ;   *bas , vallée :* Pen-t-e , pro-pen-s-ion , é-pan-dre , é-pan-cher.

Pan ;   *tout :* Pan-thé-isme , pan-égyr-ique , pan-thé-on , pan-t-o-mim-e , pan-dor-e. .

Pap-yr-us ;   *arbrisseau dont l'écorce servait à écrire :* Pap-ier, pap-er-ass-e, pap-et-ier, pap-il-l-on , pap-il-l-ot-e, pap-il-l-ot-er , pap-yr-i-fère.

Par ;   *égal* : Com-par-ais-on, pair, par-i , par-it-é ; par-
     eil, par-eill-e-ment , dis-par-at-e, im-pair.

Par-ere ;   *se présenter* : Par-aît-re, ap-par-ent ; com-par-
     aît-re, dis-par-aît-re ; ap-par-eil,

Par ;   *beau, brillant* : Par-er , par-ure , re-par-er, per-le.

Par ;   *produire* : Par-l-er *produire sa pensée*, par-ol-e ,
     pré-par-er, tem-pér-er.

Parc-us ;   *avare* : Parc-i-mon-ie , é-pargn-e.

Part-is , port-io ;   *division* : Part-ag-e , part-ial , dé-part , dé-part-e-
     ment , port-ion, ré-part-it-ion , part-i-cip-er ,
     part-i-c-ul-ier, sé-par-er, se-vr-er , parc-el-le ,
     pro-port-ion.

Pas ;   *mouvement fait en mettant un pied devant l'autre* :
     Pas-s-er, com-pas, tré-pas, pas-s-age, im-pas-s-e.

Pas , pât ;   *souffrir* : Pas-s-ion, pas-s-ible, sym-path-ie, pât-i-
     ent , a-path-ie, com-pât-ir , anti-path-ie, path-
     os , path-ét-ique.

Pat-er, patr-is ;   *auteur, créateur* : Pat-er-nel, patr-ic, patr-iarch-e ,
     parr-i-cide, pa-pe, patr-on, com-père, ex-patr-i-er.

Pat , pac , pal ;   *ouvert, visible, étendu* : Pat-ent-es *(lettres qu'on
     montre)*, pat-èr-e , es-pac-e , pal-l-ier, pat-èn-e.

Pav-o ;   *paon* : Se pav-an-er.

Pé, païs ;   *enfant* : Pé-d-ant , pé-d-agog-ue, ortho-pé-d-ie.

Pec ;   *amer* : Péch-é, pec-c-ad-ille, pec-c-ant, im-
     pec-c-able.

Pect-us ;   *estomac, sein, cœur* : Pect-or-al, poit-r-in-e ,
     poit-r-ail, pet-to, dé-pi-t, ex-pect-or-er, ré-pi-t.

Pe-cus ;   *bétail* : Péc-ul-at, péc-un-e , péc-un-i-aire , péc-
     ore , pè-que.

Ped-is, pet, pat, piet,   *pied, marcher* : Péd-e-str-e , ex-péd-ier, péd-i-
pêch, pod ;   cur-e, dé-pê-tr-er ; pat-aud , pat-ouil-l-er, pat-
     in-er, em-piét-er ; piét-on , piét-in-er , dé-pêch-
     er *hâter les pieds* , em-pêch-er, anti-pod-es,
     pod-agr-e , pet-on, pi-st-e , pét-ul-ant, em-
     pêtr-er, po-st-ul-er.

Peign ; de *Peikéin, démêler* : Peign-é, peign-oir.

Pel ; *faire signe de la main* : Ap-pel, é-pel-er, inter-pel-l-er.

Pen-n-a, plum-a ; *plume* : Em-pen-n-er, pan-ach-e, em-pan-ach-er, plum-ass-eau, dé-plum-er, em-plum-er, rem-plum-er.

Pen, pan ; *frapper* : Pén-it-enc-e, pein-e, re-pent-ir, pun-ir.

Pend-ere ; *attacher en haut, attacher* : Pend-re, dé-pend-re, sus-pens-ion, ap-pend-ic-e, in-dé-pend-ant, per-pend-ic-ul-aire, vil-i-pend-er, dis-pend-ieux.

Pen ; *pointu* : Pén-étr-er, im-pén-étr-able.

Pens-are, pond-ere ; *peser* : Pens-ée, com-pens-at-ion, dé-pens-e, ré-com-pens-e, dis-pens-er, ap-pes-ant-ir, pens-ion, pond-ér-able, pré-pond-ér-ance.

Pel-lis, pol, pouil ; *écorce* : Pel-l-et-er-ie, pel-er, pel-isse, pél-er-in, dé-pouil-l-e, s-pol-i-at-ion, gas-pil-l-er.

Per ; *faire une ouverture, passer à travers, ce à travers quoi il faut passer* : Per-c-er, pér-ir, per-t-uis, pér-il, pér-i-cl-it-er.

Péri-ri ; *éprouver* : Ex-péri-ence, ex-péri-ment-er, ex-per-t.

Pest ; *tomber, mourir* : Pest-e, pest-i-fér-é, pest-il-ent-iel.

Pet ; *aller vers, prier, demander* : Com-pét-it-eur, ré-pét-er, centri-pèt-e, pét-it-ion, pét-ul-ant, in-com-pét-ent.

Peu, pou ; *frayeur* : Peu-r, peu-r-eux, é-pou-v-ant-er.

Phage ; *qui mange* : Antropo-phage, litho-phage.

Pharma-kon ; *remèdes* : Pharmac-ie, pharmac-ien.

Pha-s, is ; *apparence, aspect* : Pha-s-e, em-pha-s-e, em-pha-t-ique.

Phet, phtègm-e, phraz-ô ; *parler* : Pro-phèt-e, apo-phtègm-e, péri-phras-e, anti-phras-e.

Philo-s ; *ami* : Philo-soph-e, phil-antrop-e, philo-log-ie, biblio-phil-e, théo-phil-e.

Phobe ; *crainte* : Aéro-phobe, hydro-phobe.

Phon-ô, phtong ;   *son :* Eu-phon-ie, sym-phon-ie, di-phtong-ue.

Phys-is ;   *nature :* Phys-ique, phys-i-o-log-ie, méta-phys-ique, physi-o-nom-ie.

Pi-us;   *bon, doux :* Pi-eux, pi-ét-é, ex-pi-er, im-pi-e, pi-t-ié.

Pic ;   *pointu, aigu ; qui perce :* Pic, pic-ot-er, sau-piqu-u-et, pic-or-ée, piq-u-er, po-in-d-re, po-ign-ard, po-ign-ant, com-po-n-ct-ion.

Pil ;   *poil :* Com-pil-er, é-pil-er, ca-pil-l-aire, é-pluch-er, é-plu-ch-ures.

Pil-cin;   *fouler :* Pil-er, pil-on, pil-l-er, gas-pil-l-er, o-pil-er.

Pla;   *étendue, uni, égal :* Pla-n, pla-qu-e, pla-ce, pl-age, pla-n-che, pla-n-er, pla-n-i-métr-ie, a-pla-n-ir, pla-t.

Plag-a ;   *plaie :* Plag-i-aire *esclave auquel on donnait le fouet pour ses friponneries,* pla-in-d-re.

Plai ;   *joie, question, débat :* Plai-re, plai-s-ant, plai-d-er.

Plau, plo ;   *battement des mains :* Ap-p'au-d-ir, ap-plau-d-iss-e-ment, ex-plo-s-ion, *action de faire fuir en battant des mains.*

Plen-us, plet, pli;   *beaucoup, tout ce qui peut être contenu :* Plén-it-ude, plé-on-asme, com-plet, com-pli-es, em-pli-r, plét-hore, re-plet.

Pl-ex, pl-e, pl-i;   *boule, cercle :* Com-pl-ex-e, per-pl-ex-it-é, centu-pl-er, tri-pl-e, sim-pl-e, sou-pl-e, du-pl-ic-at-a, pl-i-er, ap-pl-iq-u-er, pl-oy-er, ex-pl-ic-at-ion, du-pl-ic-it-é, em-pl-oi, ex-pl-oit, com-pl-ic-e, sup-pl-ic-e, sup-pl-ic-i-er, sup-pl-ic-at-ion.

Plong ;   *enfoncer dans l'eau, sonder avec le plomb :* Plong-er, plong-eur.

Plor, pleu ;   *couler de source :* Im-plor-er, dé-plor-er, pleu-r-er, pleu-r-eur, pleu-v-oir.

Pneum-a, pulm-o;   *souffle :* Pneum-at-i-que, pulm-on-ique, poum-on.

Pom-um; *fruit* : Pom-m-e, pom-m-ade, pom-m-elle, pom-m-ette.

Poë-ma (poïèma); *ouvrage* : Poë-me, poé-s-ie, poë-t-e, poé-t-er-eau, poé-t-ique.

Pol-e; *de pol-is, ville ; pol-ein, vendre* : Métro-pol-e, *ville mère* ; mono-pol-e.

Pol-i; *correct, pur, fini* : Pol-i, pol-ir, pol-i-ment, pol-it-esse, pol-ic-er.

Polites; *citoyen* : Cosmo-polites.

Por-os; *trou, entrée* : Por-e, por-t, por-t-ail, por-t-e, por-che, por-t-ique.

Po-s-itum; *mis, placé sur* : Po-s-er, com-po-s-er, dé-po-s-er, com-po-t-e, po-s-t-er, im-po-s-t-eur, pro-po-s, re-po-s, sup-pô-t, pro-po-s-it-ion.

Port-are; *soutenir une charge* : Port-er, ap-port-er, op-port-un, sup-port, col-port-er.

Pot-er; *gr. vase à boire* : Pot, pot-ée, pot-age, pot-ag-er, pot-able, pot-ion, esqui-pot.

Pot, pos, pouv, puis, pont, puy, poch, poit, pomp; *vaste, étendu, éclatant* : Pot-ent-at, pot, *vase* pro-fond, pot-eau, pos-sé-d-er, pos-s-ible, pouv-oir, je puis *(sum* je suis, *pod* puissant), puis-s-ance, pont-ife *(qui fait de grandes choses)*, pont, *(chemin élevé)*, puy *(montagne)*, ap-pui, poch-e *(ce qui a capacité)*, poit-r-in-e *(la poche qui contient l'air)*, poit-r-ail, pect-or-al, pomp-é, pomp-eux.

Poul, pull-us; *petit animal* : Poul-iche, poul-e, pull-u-l-er, pu-ér-il, pu-b-èr-e, pu-s-il-l-anim-e.

Pous, puls-are; *lancer* : pous-s-er, re-pous-s-er, pouls, puls-at-ion, ré-puls-ion, com-puls-er, ex-puls-er.

Prav-us; *corrompu* : Dé-prav-é, dé-prav-at-ion.

Prec, pris; *valeur, prix* : Ap-préc-ier, dé-préc-ier, pris-er, inter-prêt-e *(qui explique les prix)*.

Préd-a; *proie* : Dé-préd-at-ion, dé-préd-at-eur.

Prim, prin; *avant, qui est en tête* : Prim-at, prim-it-if, prin-ce

(*tête*), prin-cip-al , prin-temps , prem-ier , pri-
or-it-é.

Pren *de prehendere;* *mettre en la puissance :* Pren-dr-e, pren-able, pris,
pris-on.

Press-us , prim ; *presser :* Press-er, pres-t-e , prê-t-er , ex-prim-er,
im-prim-er , dé-prim-er , op-prim-er , em-
prein-t-e.

Presb-us ; *vieillard :* Prêtr-e, prêtr-ise, Presbytèr-e, presbyt-e.

Prob-us; *bon :* Prob-e, prob-it-é , im-prob-it-é.

Prob-are ; *établir la vérité d'une chose :* Prob-able, ap-prob-
at-ion, preu-v-e, é-preu-v-e, preu-x, prouv-
er , ap-prouv-er.

Prou ; *la force , la valeur :* Prou-ess-e.

Psalm-os; *cantique :* Psalm-ist-e, psalm-odi-er, psaum-e.

Pseud-ès ; *faux :* Pseud-onym-e.

Psycos-is; *esprit, ame :* Métem-psycos-e, psych-é.

Pu , pou; *mauvaise, odeur :* Pu-er, pu-nais, pu-t-ois, pou-
rr-ir , pu-tr-id-e , pu-tr-é-fi-er.

Pud-or; *honte honnête :* Pud-eur, pud-iqu-e.

Pud ; *maison :* Ré-pud-ier, ré-pud-i-at-ion.

Pugn-are; *combattre :* In-ex-pugn-able, ré-pugn-er.

Pulv-is; *petites molécules :* Pulv-ér-is-er, polv-ér-ul-ant,
pou-d-re, pou-d-r-ette, pou-ss-ière, é-pou-
ss-et-er.

Put-o; *je pense , j'estime , je coupe :* Put-at-if, ré-put-at-
ion, dis-put-e, dé-put-er, com-pot, sup-put-
er , im-put-er , am-put-er.

Pun-ire *de pénomai; je travaille, j'occupe :* Pun-ir , pun-it-ion, im-
pun-i, pein-e, pén-it-ent, re-pent-ir.

Pur-os ; *le feu, emblème de la purification :* Pur, pur-et-é,
pur-i-fier, dé-pur-er, é-pur-e, im-pur, pur-
g-er, pur-g-at-if.

Pyram; *poire* Pyram-id-e, pyram-id-al.

Q.

Qu-e ;   *lequel, laquelle, comment :* Qu-e, qu-el, qu-el-qu-e, qu-oi, qu-and, qu-ant-it-é, qu-ot-i-ent, qu-o-lib-et, qu-al-it-é, qu-al-i-fi-er (*dire quel est*).

Querel-a ;   *démêlé, dispute :* Querel-l-e, querel-l-er...

Quér ;   *cercle, tour :* Quér-ir, quêt-e, quest-eur, quest-ion, ac-quér-ir, in-quis-it-ion, cher-cher.

Quiet-us ;   *tranquille, calme :* Quiét-ude, in-quiet, ac-quiesc-er, coi, quit-t-e, quit-t-anc-e, re-quiem, re-quin, tran-quil-l-e.

R.

Ra ;   *polir, rendre uni :* Ra-cl-er, ra-s, ra-s-er, ra-t-eau, ra-b-ot?

Ra-d-ix, ra-c ;   *racine :* Ra-c-e, ar-rach-er, ra-d-is, ra-d-ic-ule, ra-d-ic-al.

Rag ;   *fureur :* Rag-e, en-rag-é.

Rad-ius, rai ;   *trait :* Rai-e, ray-on, en-ray-er, rai-n-er, ra-t-ure, rad-i-eux, rad-i-at-ion, rai-l, é-rai-ll-ure, dé-b-rai-ll-er.

Ram-us ;   *division d'une tige principale :* Ram-eau, ram-er, ram-i-fier, ram-on-eur, ra-in-ceau.

Ramp ;   *repos :* Ramp-e, rep-aire, rep-t-il-e.

Rang ;   *celte.* reih ; *all.* ring ; *cercle, anneau, ordre, disposition :* Rang, rang-er, ar-rang-er, dé-rang-er.

Rap-ere ;   *enlever avec violence, enthousiasmer :* Rap-t, rap-ac-it-é, rap-in-e, rav-ir, rav-ag-er, rafle *all.* raffen, rap-ide.

Raps *du gr.* rhaptô ; *je couds :* Raps-odie, raps-odi-ste.

Rar-us ;   *peu épais, qui arrive peu souvent :* Rar-e, rar-é-fi-er.

Rat., rais ;   *qui dirige, cause, motif* : Rat-ion-n-el, rat-i-fi-
                er, rais-on.

Rech ;   *mauvaise humeur* : Rech-in ; rech-ign-er, rach-e
                (dur au toucher).

Reg ;   *conduire droit, avoir soin* : Rég-ir, cor-rig-er,
                cor-rect, rég-ent, rig-id-e, di-rig-er, é-rig-é,
                rect-eur, rect-i-fi-er, rect-angl-e, di-rect,
                règ-l-e, rég-ul-ier, roi, rég-al-e, règn-e,
                rein-e, reg-i-str-e.

Re ;   *chose* : Ré-el, ré-al-is-er, ré-publ-iq-u-e.

R-est ;   *être derrière, au fond* ; *all.* rast *repos* : R-est-e,
                ré-t-if, ar-r-êt, ar-r-est-at-ion.

Ri , onomatopée ; *imitation du bruit que l'on fait en riant* : Ri-s, ri-
                s-ible, dé-ri-s-ion, ri-re, ri-c-an-er, ri-d-ic-
                ule, ri-de.

Risq, en esp. risco ; *glisser* : Risqu-e, risqu-able.

Rit ;   *commander* : Rit, rit-uel.

Rithm ;   *nombre* : Rithm-e, arithm-ét-ique.

Ro, rou ;   *objets relatifs à l'eau, roulement* : Ro-s-ée, ar-ro-
                s-er, ro-bin-et, ro-t-ule, rô-d-er, ro-t-ond-e,
                rou-e, rou-elle, b-rou-ette.

Rob ;   *force, valeur, biens, héritage* : Rob-u-sté, cor-
                rob-or-er, rob-e, dé-rob-er...

Roc, rich ;   *élevé, puissant* : Roch-er, roc-aill-e, rich-e.

Rod, ros ;   *ronger* : Cor-rod-er, cor-ros-if...

Rog ;   *prier, demander, régir* : Inter-rog-er, rog-at-ions,
                pro-rog-er, dé-rog-er, sub-rog-é...

Ro-gu-e ;   *fier, orgueilleux* : Ar-ro-g-ant, s'ar-ro-g-er.

Rol ;   *onomatopée, bruit d'un corps rond qui roule* : Rôl-e,
                cont-rôl-e, en-rôl-er...

Ross ;   *(ryous, cheval, ancien mot français), haridelle,*
                mazette : Ross-e, ross-er, ross-in-ante, rouss-in.

Rost ;   *(Teuton), gril* : Rôt, rôt-i, rôt-iss-eur...

Rou , rub ;   *rouge* : Rou-g-e, rou-g-ir, rou-ill-e, rou-x, rou-
                ss-i, rub-is, rub-an, rub-é-fi-er, rub-r-ique.

Ru, rig, riv, rhe ;	*couler* : Ru-iss-eau, ru-e, ri-g-ole, ir-ri-g-at-ion, riv-ièr-e , rip-uair-e , riv-al , rhu-me , rhét-or-ique.
Rud ;	*grossier, brut* : Rud-esse , rud-oy-er, rud-i-ment , é-rud-it...
Ruin ;	*chûte, dévastation* : Ruin-e , ruin-er , ruin-eux.
Rum ;	*remâcher :* Rum-in-er , rum-in-ant...
Rup, romp ;	*briser, dresser, mêler, diviser* : É-rup-t-ion, cor-rup-t-ion , rup-t-ure, banque-rou-t-e , ro-t-ure.
Rus ;	*campagne, champs* : Rust-re , rust-aud , rust-ique, ru-ral...

S.

Sac (*saks-en*) ;	*conteau, poignard* : sax-on , sac, sac-c-ag-er.
Sac , sai ;	*enveloppe* : Sac, sac-oche, be-sac-e, Lis-sac, sach-et.
Sacr, secr ;	· *de l'oriental* Sakr, *fête :* Sacr-e , sacr-e-ment , sacr-i-st-ie , sacr-i-fi-er , con-sécr-at-ion , sacer-doc-e, e-xécr-er , ob-sécr-at-ion.
Sag, soph, sci ;	*vue, regard, lumière* : Sag-e, sag-esse, sag-ac-it-é, pré-sag-e, philo-soph-e, soph-ist-e, sci-ence , con-sci-ence, in-sç-u, sa-v-oir, e-sci-ent.
Sagitt ;	*flèche* : Sagitt-aire, sagett-e , sagitt-ale.
Sal (*teuton*) ;	*ordure, crasse* : Sal-e, sal-aud, sal-ig-aud, sal-op-e, sal-ir.
Salv, salu ;	*bonheur, prospérité* : Salv-e , salu-t , salu-er, salu-t-aire, salu-b-r-ité, sauf, sauv-eur.
Sal, sel ;	*sel (l'un des résidus de l'évaporation de l'eau de mer)* : Sel, sal-er, sal-ade, sal-aire, sau-piq-u-et, sau-poudr-er, sau-c-iss-e, sau-n-er-ie, sau-mur-e.
Sal, saill, sil, sul ;	*chute avec élancement* : Sau-t-er; sau-t-er-elle, as-sau-t, saill-ir, sal-t-im-banque, e-xal-t-at-ion, ré-sil-ier, e-xil-é (*qu'on fait sortir de la danse*),

con-seil (qui saute ensemble), con-sul (qui conduit la danse), ré-sul-t-at, in-sul-t-é.

Sanct ;   rendre respectable par la loi, par un sacrifice : Sanct-i-fier, sanct-ion, sanct-u-aire, saint, saint-e-ment...

San ;   bon, beau, bien : San-t-é, sa-in, san-it-aire...

Sang ;   liqueur rouge, race, extraction : Sang, sang-u-in, sang-u-in-aire, saign-er, san-ie...

Sav, sap, sip ;   suc : Sav-eur, sav-our-er, sap-id-e, sap-or-i-fi-que, in-sip-ide...

S-can ;   s, hors ; can, secret : Scandal-e, scandal-iser, escland-re.

Sch, sc ;   pieu : Éch-ell-e, éch-al-as, éch-ass-es, esc-al-ad-e, esc-al-ier.

Scen ;   monter : A-scen-s-ion, de-scen-d-ant, con-de-scen-d-re, tran-scen-d-ant...

Schiff ;   (all.) vaisseau : E-squif, e-squiv-er.

Schol ;   loisir, repos, tranquillité : É-col-e, é-col-ier, scol-as-tique, scol-aire, scol-ie, scol-i-aste...

Scop ;   voir : Micro-scop-e, télé-scop-e...

Scrib ;   tracer des caractères : Scrib-e, é-cri-re, é-cri-t-ure, manu-scrip-teur...

Scut ;   cuir : É-cu, é-cu-ss-on, é-cu-elle, é-cu-yer...

Sec ;   couper : Sect-ion, séc-at-eur, seg-ment, dis-séq-uer, siè-cl-e, séc-ul-ier, in-sect-e...

Sec, séq ;   ce qui suit, ce qui vient après : Sec-ond, con-séc-ut-if, séqu-elle, con-séqu-ent, ob-sèqu-es, ob-séqu-i-eux...

Sed, sé, si, sess, sel, sid ;   repos, cessation : Séd-ent-aire, ob-séd-er, sé-ant, a-sse-oir, a-ssi-s-e, si-ég-e, sess-ion, sell-ette, pré-sid-ent, dis-sid-ence, as-sid-u, sub-sid-e.

Sembl, simil ;   image, imitation : Sembl-able, re-ssembl-er, en-sembl-e, simil-or, as-simil-er, simul-t-ané, sign-e, sign-at-ure.

Silv ;   forêt : Silv-ain, sauv-age.

Semin ;	*épandre sur la terre* : Sem-er , dis-semin-er, sem-ence, semin-aire.
Sens ;	*opinion, manière de comprendre* : Sens , sens-uel, sens-ibl-e , sens-it-if, sent-i-ment, in-sens-é.
Sen ;	*vieux, âgé* : Sén-at , sei-gn-eur, sén-é-chal...
Ser;	*brillant* : Ser-ein , sér-én-ité, ra-s-sén-érer.
Ser ;	*ceindre, lier* : Ser-r-er, ser-v-ir, ser-f, ser-r-ure , in-sér-er , con-cier-ge.
Serp;	*couper, tailler* : Serp-e , serp-ette.
Sever ;	*grave, chagrin* : Sévèr-e , sévér-ité, per-sévér-er.
Sit ;	*nourriture, blé* : Para-sit-e.
Sid ;	*éclat, lustre* : Sid-ér-al , con-sid-ér-at-ion, dé-si-r-er (*souhaiter le retour d'un astre favorable*).
Sil;	*ombrage* : Sil-enc-e , sil-enc-ieux.
Sill;	*raie (en Saxon* sylh *charrue)* : Sill-on, sill-er , sill-on-n-er.
Sinu;	*courbé* : Sinu-s , sinu-os-it-é, in-sinu-er, sein.
Sin ;	*cœur* : Sin-i-str-e , *qui est du côté du cœur, gauche*.
Sip ;	*jeter* : Dis-sip-er, dis-sip-at-ion.
Sist ;	*se tenir* : As-sist-er, dé-sist-er, con-sist-ance, ré-sist-ance, per-sist-er.
Soci ;	*joindre, unir* : Soci-ét-é, soci-able.
Sol;	*tout, seul, unique dans son genre* : Sol, sol-id-e , sol-it-aire, i-sol-er, sol-eil, sol-lic-it-er (*remuer tout*), seuil, sol-enn-el (*ennos*, année).
Sol-e ;	*coutume* : In-sol-ent, in-sol-ence, in-sol-ite...
Sold ;	*paie* : Sold-e , sol-d-at , solv-able , soud-ard, soudoy-er.
Solv ;	*délier* : Solu-ble , dis-soud-re, ré-soud-re.
Som ;	*fardeau, poids, tout* : Som-m-e , as-som-m-er.
Som , son;	*dormir, rêver* : Som-m-eil, in-som-n-ie, son-ge.
Sompt;	*prix, valeur* : Sompt-u-eux , pré-sompt-ion.
Son ;	*bruit* : Son-n-er , dis-son-n-ance, per-son-n-e

(*masque à travers lequel passe le son*)*,* son-at-e, con-son-n-e, uni-s-son.

Sorb ;	en *Arabe* sharb, *boire, humer :* Sorb-et, ab-sorb-er, ab-sorp-t-ion, ré-sorpt-ion.
Sor-s ;	*destin :* Sor-t, sor-c-ier, en-sor-c-el-er...
Sor-t ;	*lot, partage :* Sor-t-able, as-sor-t-ir, res-sor-t-ir...
S-or ;	*hors :* S-or-t-ir, s-or-t-ie, rés-s-or-t-ir...
Sot ;	*niais, stupide :* Sot, sot-t-is-e.
Sourd ;	*privé de l'ouïe :* Sourd, sourd-aud, sour-n-ois, ab-surde.
Sord ;	*saleté :* Sord-id-e, sord-id-ement.
Spac ;	*étendue :* Spac-ieux, e-spac-e.
Spal ;	*partie du corps :* É-paul-e, é-paul-er, é-paul-ette, sc-apul-aire...
Spad ;	*arme :* Spad-ass-in, e-spad-on, é-p-ée.
Spars ;	*jeté loin des pareils :* É-pars, é-par-pill-er, di-spers-er.
Spé ;	*vue :* E-spé-r-ance, e-sp-oir, ex-a-spé-rer, pro-spè-re.
Spect, spic ;	*forme, figure, regarder :* Spect-acle, spect-re, spéc-ul-er, a-spect, in-spect-er, per-spect-ive, re-spect, e-sp-èc-e, sp-éc-ieux, aru-sp-ic-e, fronti-spic-e, é-pi-er, e-spi-on.
Spers ;	*jeté, répandu :* A-spers-ion, di-spers-ion.
Spin ;	*pointe, empêchement :* É-pin-e, é-pin-eux, é-pin-gl-e.
Spir ;	*souffle :* Re-spir-er, spir-it-u-el, sou-pir.
Splend ;	*éclat, lustre :* Splend-eur, splend-ide, re-splend-ir.
Spons ;	*promesse :* Ré-pons, ré-pons-e, ré-pond-re...
St ;	*être, arrêter :* Et-re, ét-at, a-tt-it-ude, st-able, st-alle, pied-e-st-al, st-at-iqu-e, st-at-u-e, st-ag-e, apo-st-at, in-st-it-ut, super-st-it-ion, ex-i-st-er, contra-st-e, ob-st-acle...
Ster ;	*sec, qui ne produit rien :* Stér-ile, stér-il-ité...
Stich ;	*ligne :* Acro-stich-e, hémi-stich-e, é-ti-qu-ette, di-stiq-u-e.

Stigm ;   *marque, trace* : Stigm-at-e, stigm-at-iser...

Still ;   *goutte qui tombe* : Di-still-er, di-still-at-ion...

Stimul ;   *aiguillon* : Stimul-er, stimul-ant...

Stip ;   *tige, paille, chaume* : Stip-ul-er, stip-ul-at-ion.

Stol ;   *envoyer* : Épî-tr-e, épi-stol-aire, apo-stol-at.

Str, strein ;   *lier, resserrer* : Str-ict, di-str-ict, re-strein-d-re, a-string-ent, étrangl-er, strang-ul-at-ion.

Stroph ;   *conversion, retour* : Stroph-e, apo-stroph-e.

Stru ;   *bâtir, élever* : Stru-ct-ure, con-stru-i-re, ob-stru-er, in-stru-i-re, in-du-str-ie.

Stud ;   *application d'esprit* : Étud-e, stud-i-eux.

Stup ;   *engourdissement* : Stup-eur, stup-ide.

Su, sou ;   *eau* : Su-er, su-ette, su-d-or-i-f-ique, es-su-y-er, su-in-t-er.

Sup ;   *en Saxon* supan ; *avaler* : soup-e, soup-er, soup-ière.

Sut ;   *attaché* : Sut-ur-e, soud-er, coud-re, cous-u, cout-ure.

Suas ;   *conseil* : Dis-suas-ion, per-suas-ion.

Suav ;   *douceur* : Suav-e, suav-ité, man-sué-t-ude.

Sum, som ;   *prendre, élever* : As-sum-er ; con-sum-er, as-som-pt-ion, somm-et.

T.

Tabac ;   *herbe découverte, en* 1560, *à Tabago* : Taba-t-ière, taba-g-ie.

Tab ;   *tente, pavillon* : Tab-ern-acle.

Tab ;   *se putréfier* : Tab-ide, tab-i-fique.

Tabl ;   *meuble posé sur un ou plusieurs pieds* : Tabl-e, tabl-eau, tabl-ier, tabl-ette, é-tabl-ir, tabell-ion.

Tac, tic, toc ;   *toucher, frapper* : Tac, tach-e, tact. con-tact, tang-ence, con-tag-ion, con-tig-u, con-ting-ent, dis-tinct, in-tégr-al, tât-er, toqu-er, toc-sin (*toquer le sing*), touch-er.

Tail ;   *couper, diviser* : Taill-er, taill-and-ier, en-taill-e.

Tal ;   *fouiller* : Mé-tal (*ce qu'on tire hors*), mé-tal-l-ique.

Tam, tom, ton ;   *couper* : En-tam-er, tôm-e, ton-dr-e.

Tan, ten, ton ;   *vase, ce qui renferme* : Tan-ière, sou-tan-e, tēn-t-e, ton-n-e...

Tan ;   *chêne* : Tan , tan-n-er, tan-n-eur...

Tanz ;   *All. mouvement réglé* : Dans-e , dans-eur...

Tar, tard ;   *délai* : Re-tard-er, re-tard-at-aire, trèv-e...

Teg, tec, to, tu, tég ;   *habitation, couvert* : Pro-tég-er, pro-tec-t-eur, to-it , tu-il-e, é-tag-e, tég-ument...

Techn ;   *art* : Techn-ique, techn-o-log-ie, poly-techn-ique.

Tein ;   *mettre en couleur* : Tein-d-re, dis-tinct-ion, teint, teint-e...

Tel ;   *train, timon* : At-tel-age, at-tel-er, a-tel-ier...

Templ ;   *grand* : Templ-e, con-templ-er.

Tem ;   *eau, affaiblir, modérer* : Tem-p-ér-er, trem-p-er.

Temp ;   *durée* : Temp-s, temp-or-el, temp-or-iser.

Ten ;   *avoir en main* : Ten-ir, ten-ail-le, entre-tien, lieu-ten-ant, dé-ten-t-ion, abs-tin-ence, con-tin-ent, con-tin-u, im-per-tin-ent, obs-tin-é.

Tenu ;   *mince, étroit* : Ténu, at-ténu-er, ex-ténu-er.

Tend ;   *aspirer* : Tend-re, tens-ion, at-tent-ion, en-tend-re, os-tent-at-ion.

Tent ;   *essayer de faire, solliciter au mal* : Tent-er, tent-at-ion, at-tent-at, tent-at-eur.

Tep ;   *tiède* : É-tuv-e, é-tuv-ée.

Term ;   *borne* : Term-e, term-in-er, ex-term-in-er, a-term-oy-er.

Terr ;   *sol* : Terr-e, terr-estr-e, terr-it-oire...

Test ;   *témoignage* : Test-er, test-a-ment, con-test-er, dé-test-er, pro-test-er, té-mo-in.

Théa ;   *regarder* : Théâtr-e, amphi-théâtr-e.

Thèm ;   *poser* : Thèm-e, thè-se, ana-thèm-e...

Thé ;   *Dieu* : Thé-iste, thé-o-crat-ie, thé-o-log-ie, a-thé-e, en-thou-s-i-asme, apo-thé-os-e...

Théor ;   *contemplation* : Théor-ie , théor-ique , théor-ème.

Therm ;   *chaud* : Therm-es , therm-al , therm-o-mètr-e.

Tim ;   *priser, fixer la valeur* : Es-tim-e , es-tim-at-eur.

Tim ;   *crainte* : Tim-id-e ; tim-or-é , in-tim-id-er.

Tis ;   *feu* : Tis-on , at-tis-er.

Tiss , text ;   *entrelacer* : Tiss-u , tiss-er , text-e , text-u-el , pré-
                         text-e , toil-e , toil-ette , toil-ier.

Titr ;   *honorer* : Titr-e , titr-er , tit-ul-aire...

Tolér ;   *supporter* : Tolér-er , tolér-ance...

Tomb ;   *sépulcre de pierre* : Tomb-e. , tomb-eau.

Tomb ;   *faillir, décliner, se ruer* : Tomb-er , tomb-er-eau ,
                         re-tomb-er.

Ton ;   *tension; air , accent , langage, façon* : Ton , ton-
                         ique , dé-ton-n-er , mono-ton-e.

Tonn ;   *bruit éclatant de la foudre* : Tonn-er , é-tonn-er ,
                         dé-ton-at-ion...

Tond , tus ;   *froisser , meurtrir* : Con-tond-ant , con-tus-ion.

Tor , taur ;   *chald.* thor; *la force, la violence* : Torr-ent ,
                         taur-eau...

Torqu ;   *tordre* : Tor-s , tor-s-ion , tor-t-u , tor-t-ur-e ,
                         tor-d-re , ré-tor-qu-er , ex-tor-qu-er , tour-ment.

Torr ;   *brûler* : Torr-ide , torr-é-fier.

Torp ;   *engourdir* : Torp-eur , torp-ille...

Touff ;   *couvrir* : Touff-e , touff-u , é-touff-er...

Tour ;   *mouvement circulaire, circuit* : Tour , tour-ill-on ,
                         tour-n-er , tour-n-iqu-et , tour-b-ill-on...

Tour ;   *bâtiment rond ou carré* : Tour-elle , tour-ière...

Tourb ;   *amas, multitude* : Tourb-e , troup-e , troup-eau ,
                         troubl-e , turb-ul-ent , per-turb-at-ion.

Tra ;   *chose* : Tra-vail (vail *pour* val) , *l'action de faire
                         valoir sa chose.*

Trab ;   *poutre* : Tra-v-ée , en-tra-v-es , tré-s-ill-on , é-tré-
                         s-ill-on.

Tract ;   *tirer* : Trait , trait-e , tract-ion , sous-trai-re , abs-
                         trait , con-tract-er , train , train-er , con-train-

dr-e, en-traîn-er, con-trat, dis-trait, re-trait ; por-trait...

Trag ;	*bouc* : Trag-éd-ie, trag-iqu-e, trag-i-com-é-di-e.
Trem ;	*crainte, appréhension* : Trem-bl-er, trem-bl-e-ment, trém-ouss-er, tré-pi-d-at-ion, in-tré-pi-d-e.
Trib ;	*section, redevance* : Trib-u, trib-un, trib-un-al, trib-ut, at-trib-ut, con-trib-u-er, dis-trib-ut-ion.
Trich ;	*embrouiller* : Trich-er, trich-er-ie, trig-aud, in-tri-g-u-e, entre-chats, tress-e, dé-tress-e.
Trist ;	*douloureux, fâcheux* : Tri-st-e, a-trist-er, con-trist-er...
Trit ;	— *briser* : Trit-ur-er, con-tri-t, dé-tri-ment...
Tronc ;	*couper* : Tronc, tronç-on, tronq-u-er, trogn-on...
Trop ;	*tour, circuit* : Trop-e, trop-ique, troph-ée...
Tron ;	*siège* : Trôn-e, trôn-er, dé-trôn-er, in-tron-iser...
Trouv ;	*rencontrer* : Trouv-er, trouv-ère, troub-adour...
Tu-er ;	*sacrifier, immoler* : Tu-er, tu-er-ie...
Tum ;	*enfler* : Tum-eur, tum-é-fi-er...
Tut ;	*protéger* : Tut-eur, tut-él-aire...
Typh ;	*brûler* : Typh-on, typh-us...
Typ ;	*frapper* : Typ-ique, typ-o-graph-e, proto-typ-e, arché-typ-e.
Tyran ;	*prince* : Tyran-n-ie, tyran-n-is-er.

U.

Ulc ;	*piqûre, brûlure* : Ulc-ère, ulc-ér-er...
Ultim ;	*dernier* : Ultim-at-um, pén-ultièm-e.
Un ;	*seul* : Un, au-c-un, chac-un, un-ique, un-it-é, un-i-form-e, un-i-vers, un-i-vers-el, un-i-vers-it-é, un-i-vers-it-aire...
Urb ;	*ville* : Urb-ain, urb-an-it-é.

Urg ;   *travail* : Chir-urg-ien , chir-urg-ie...

Ur ;   *canal, couler* : Ur-in-er, ur-ate, ur-e-t-ère, dys-ur-ie...

Us ;   *coutume* : Us-er, us-ur-e, ab-us, ut-il-e, out-il, us-ur-frui-t, us-urp-er.

Us, huis ;   *porte, s'en aller* : Ré-us-s-ir, huis-s-ier, huis-s-er-ie.

V.

Va ;   *aller* : Va-nu-pie-d-s, é-vad-er, en-va-h-ir, in-va-s-ion.

Vacc ;   *femelle du taureau* : Vach-e, vacc-in.

Vag, vac, vid ;   *crier, aller çà et là, ne rien contenir* : Vag-iss-ement, vag-u-e, vag-a-bond, di-vag-u-er, extra-vag-ant, vac-ill-er, vag-u-er, vac-at-ion, é-vac-u-er, vac-ance, vid-e, vid-u-it-é, veuv-age, vid-ang-e.

Val ;   *prix, courage, force* : Val-oir, val-eur, val-able, é-val-u-er, val-id-e, con-val-esc-ence, vail-l-ance, vau-rien.

Val ;   *qui descend* : Val, val-l-ée, a-val, a-val-anche, dé-val-er, inter-val-l-e, a-val-er, carn-a-val, vau-de-vill-e...

Valv ;   *écorce, enveloppe* : Valv-e, valv-ul-e, vol-et...

Van, ven ;   *rivière* : Van-n-es, ven-d-ée.

Van ;   *vide* : Van-à nettoyer, van-n-e, é-van-ou-ir, van-it-é, van-t-er, vain...

Vap ;   *fumée* : Vap-eur, vap-or-eux.

Varic ;   *dilater, entr'ouvrir* : Var-ic-e, var-ic-elle, varic-oc-èle...

Var, ver-s, zar ;   *qui a diverses couleurs, différentes formes* : Var-i-

	rer, var-i-able, var-i-ol-e, vair-on, vér-ol-e, bar-i-ol-er, bi-gar-r-er, bi-zarr-e.
Vart;	*garde* : Boule-vart (*boul, bol,* élevé).
Vass-en (*théotisque*);	*lier, attacher* : Vass-al, va-vass-eur (*val, bien*).
Vas;	*coupe, tasse* : Vas-e, é-vas-er, trans-vas-er, vaiss-eau, vaiss-elle.
Vas-e;	*boue, limon* : Vas-e, vas-eux.
Veg;	*pousser, exciter* : Vég-ét-al, vég-ét-at-ion.
Vei;	*voie, conduit* : Vei-n-e, vei-n-er, vei-n-eux...
Vel;	*vif, rapide* : Vél-oc-it-é, vél-it-e, vél-oc-i-fér-e.
Vend;	*céder la propriété* : Vend-re, vent-e, vén-al, vén-al-ité.
Vener;	*respecter* : Vénér-er, vénér-ab-le, vénér-ation.
Veng;	*rendre mal pour mal* : Veng-er, veng-e-ance, vin-d-ic-at-if, re-vanch-e.
Ven;	*aller vers* : Ven-ir, a-ven-ant, a-ven-e-ment, a-ven-t-ure, con-ven-ir, in-con-vén-i-ent, con-ven-t-ion, cou-vent, é-ven-t-uel, in-ven-t-er, sou-ven-t, a-ven-t, vén-i-el.
Vent;	*air en mouvement* : Vent, vent-er, é-ven-t, au-vent, é-vent-ail, é-vent-er, vent-ous-e...
Vesp, hespér;	*soir* : Vêpr-e, vespér-al, hespér-ie.
Ver;	*insecte long, rampant* : Ver, vér-eux, ver-m-iss-eau, ver-m-ic-elle, ver-moul-u, verm-eil.
Ver;	*chef* : Ré-vér-er, vé-nér-at-ion, ir-ré-vér-ence.
Verb;	*mot, expression* : Verb-e, verb-al, verb-i-ag-e.
Verber;	*frapper* : Verbér-at-ion, ré-verbér-at-ion, ré-verbèr-e.
Ver;	*eau limpide* : Vér-it-é, vér-i-diq-u-e, vrai.
Verg;	*baguette, houssine* : Verg-e, verg-er, verg-ette, verg-u-e, en-verg-ure, virg-ule.
Verg;	*tendre; vers* : Con-verg-er, di-verg-ence...
Verr;	*corps transparent et fragile* : Verr-e, verr-ier, vitr-e, vitr-age, vitr-ier, vitr-i-fi-er.
Vers;	*tourner, tomber* : Vers, vers-er, vers-eau, vers-

ion, ad-vers-it-é, anim-ad-vers-ion, con-vert-ir,
vert-ig-e, r-en-vers-er, boul-e-vers-er, uni-vers,
di-vorc-e, vers-et, vers-i-fic-at-ion, re-vêch-e.

Ver-t ;   *jeune, robuste, de la couleur des herbes :* Ver-t,
ver-d-ir, ver-gl-as, ver-jus.

Vest ;   *feu :* Vest-ale, fêt-e, fest-in, in-fest-er, fast-e, né-
fast-e, fast-i-di-eux, vest-ib-ule, *lieu où était
le foyer.*

Vest ;   *habiller, donner des habits :* Vêt-ir, vest-i-aire,
in-vest-ir, tra-vest-ir, vest-e.

Vic ;   *être proche :* Vic-in-al, vois-in, vois-in-er.

Vic ;   *altérer, corrompre :* Vic-e, vic-i-eux, vic-i-er.

Vic-e ;   *qui tient la place :* Vic-aire, vice-roi, vi-comte,
vic-iss-it-ude.

Vi-e ;   *espace de temps de la naissance à la mort :* Vi-e,
vi-able, vi-f, vi-v-ac-e, vi-v-i-fi-er, con-vi-v-e,
con-vi-er, vi-t-al, ra-vi-g-ot-er, v-ig-u-eur,
amphi-bi-e, vi-and-e, vi-eil, vi-eil-l-ard, vé-
t-ér-an.

Vil ;   *bas, abject, méprisable :* Vil ; vil-ain, vil-i-pend-er.

Vill ;   *assemblage d'un nombre, considérable de maisons :*
Vill-e, vill-ag-e, vil-ain.

Vin ;   *liqueur obtenue du jus de raisin :* Vin, vin-eux,
vign-e, vin-aigr-e, vign-ette, a-vin-er, pro-
vin, ven-d-ang-e, ven-d-ém-i-aire.

Vi ;   *force :* Vi-ol, vi-ol-ent, in-vi-ol-able.

Vir ;   *tourner :* Vir-e-ment, vir-ol-e, a-vir-on, en-vir-
on, vil-e-breq-u-in, vrill-e, gir-ou-ette, pir-
ou-ette, gir-and-ole, guir-l-ande, gir-on.

Vir ;   *homme fait :* Vir-il, vir-il-it-é, tri-um-vir, vir-
t-u-el, ver-t-u, vir-t-u-ose, s'é-ver-t-u-er,
ver-v-e, vir-g-in-al, vier-g-e, ver-g-ogne.

Vit ;   *fuir :* É-vit-er, in-vit-er...

Vœu ;   *désir ardent, engagement :* A-veu, vou-é, a-
vou-er, vo-t-e, dé-vo-t, con-vo-it-er, vou-l-

oir, vo-l-on-t-é, béné-vol-e, vel-lé-it-é, bien-
veil-l-ancê...

Voi;   *chemin, moyen* : Voi-e, voi-r-ie, voy-er, voy-
age, con-voi, four-voy-er, vi-at-ique, dé-vi-er,
ob-vi-er, tri-vi-al.

Voil ;   *couverture, enveloppe* : Voil-er, ré-vél-er, dé-vel-
op-p-er, en-vel-op-p-e, en-se-vel-ir.

Voi;   *son qui sort de la bouche de l'homme* : Vo-y-elle,
vo-c-al, vo-c-at-ion, a-vo-c-at, équi-vo-qu-e,
é-vo-qu-er, in-vo-qu-er, ré-vo-qu-er, pro-vo-
qu-er, ir-ré-vo-c-able...

Vol;   *larcin; action de parcourir les airs* : Vol-er, vol-
eur ; vol-er, vol-et-er, vol-éé, vol-at-il-e, vol-
t-ig-er ; vol-e.

Vol-t ;   *tournoiement* : Vol-t-e, archi-vol-t-e, vol-ubil-it-é,
vol-ut-e, é-vol-ut-ion, ré-vol-ut-ion, ré-vol-t-e,
voû-t-e, vou-ss-ure.

Vor ;   *qui mange avidement* : Vor-ac-e, dé-vor-er, fru-
g-i-vor-e, carn-i-vore, omn-i-vor-e.

Vu;   *sens par lequel on aperçoit les objets* : Vu-e,
voi-r, vis-er, vis-ion, vis-a, vis-ag-e, vis-
ière, vis-ible, vis-it-er, de-vin, a-vis, pro-vis-
eur, ré-vis-er, é-vid-ent, pro-vid-ence, ved-
ette, vig-i-e, a-veu-gl-e, of-fu-s-qu-er *(fu
pour vu)*.

Vulg ;   *commun, ordinaire* : Vulg-aire, vulg-at-e, di-vulg-
u-er, pro-mulg-u-er.

Vuln ;   *plaie, blessure* : Vuln-ér-able, vuln-ér-aire.

X.

Xem ;   *modèle, signe, marque* : E-xem-pl-e, e-xem-pl-aire.

Z.

Zèl ;   *feù de l'âme, affection* : Zèl-e, zél-é, jal-oux, jal-ous-ie.

Zo ;   *la vie* : Zo-é, zo-di-ac-al*, zo-o-log-ie , zo-o-phyt-e, épi-zo-o-t-ie.

Zon ;   *ceinture :* Zôn-e, zon-aire.

DES SUFFIXES.

On a eu raison de remarquer que les terminaisons étaient soumises, dans toutes les langues, à des lois générales; que, dans chaque langue, chaque terminaison indique, presque invariablement, une même idée accessoire, de manière que, si l'on connaît bien les terminaisons usuelles d'une langue, la connaissance d'une seule racine donne, sur le champ, celle d'un grand nombre des mots de cette langue. En effet, que l'on sache les terminaisons, qui sont en petit nombre aussi, on peut dire que l'on saura la langue; car, dès que l'on sait ce que signifie la racine, il est aisé de reconnaître, par la terminaison, quel est le genre d'idées accessoires qu'il faut y joindre, et alors on a la signification du total. Je crois que cette manière philosophique d'apprendre une langue est la plus expéditive de toutes (1).

Musique admirable, dans laquelle la différence des tons révèle une richesse euphonique sublime, puis qu'après tout il arrive souvent que les plus grandes modifications dans le son conservent une valeur indentique. C'est ainsi que se trouve varié le thème des sons destinés à rendre la pensée sans nullement lui nuire. En effet, quelle nuance d'idées ne marquent point les suffixes en *aire*, en *ance*, en *esse*, en *eure*, etc.!

(1) De Brosses, *traité sur la formation mécanique des langues.*

Il est plus qu'évident que cette richesse de sons n'est pas simplement euphonique, et aucune langue ne les a prodiguées avec plus de luxe et de variété que la langue Française. N'aurait-on pas pu en effet donner aux nombreux dérivés des noms ou des verbes la même désinence? Mais quelle monotonie fatigante et ennemie de la pensée et de la réflexion n'en serait pas résultée?

Ainsi, comme la signification d'un mot ne dépend pas seulement du *radical*, comme les syllabes finales ont une valeur plus ou moins marquée, il importe donc de les étudier avec soin.

Valeur des suffixes.

Able, ible, il, ile, ble;	Capacité, puissance, aptitude; *habilis* des Latins, *able* des Anglais : et comme, dans cette langue, *in* est devenu *un*, on dit *unable* pour *incapable*, tout comme nous, disons *inhabile* : *Aim-able*, *aff-able*, *applic-able*, *navig-able*, *vari-able*, *prob-able*, *terr-ible*, *invinc-ible*, *horr-ible*, *ris-ible*, *vis-ible*, *access-ible*, *percept-ible*, *subt-il*, *civ-il*; *Fac-ile*, *déb-ile*, *fert-ile*, *doc-ile*, *fébr-ile*, *volat-ile*, *rept-ile*, *serv-ile*, *solu-ble*...
Ac, ace;	Stabilité, habitude, constance, passion acharnément; qui tire vers la manière d'être de la chose exprimée par le radical : *Effic-ace*, *rap-ace*, *ten-ace*, *cori-ace*, *popul-ace*, *contum-ace*...
Ache, uche, iche, oche, èche;	Étendue, imitation de la chose exprimée par le radical : *Gan-ache*, *moust-ache*, *cap-uche*, *coquel-uche*, *corn-iche*, *maill-oche*, *flamm-èche*...
Ade;	Complète exceptionnellement la qualité désignée par le radical; c'est la désinence *al* ou *ath* des Allemands; coup, choc, effet de la chose exprimée par le radical : *Brav-ade*, *déc-ade*, *barric-ade*, *cavalc-ade*, *arc-ade*, *casc-ade*, *brig-ade*, *esplan-ade*, *arquebus-ade*, *bourr-ade*, *enfil-ade*, *sal-ade*...
Age;	L'ensemble, l'action ou le résultat de certaines choses indiqué s par le radical dans la plupart des cas : *Ouvr-age*, *herb-age*, *band-age*, *cord-age*, *assembl-age*, *pill-age*, *village*, *im-age*, *suffr-age*, *cour-age*, *mari-age*, *vol-age*...

6.

Ai ;   Existence, fait accompli :
                    Qu-aï, *ess–aï*, *dél-aï...*

Aie ;   Plantation particulière :
                    Oser-aie, *ann-aie*, *houss-aie*, *trembl-aie.*

Aille, ailler ;   Grandeur, force, assemblage, multitude ; déprécia-
                    tifs et augmentatifs :
                    Bat-aille, *fut-aille*, *mitr-aille*, *valet-aille...*

Ain, écn, ien, ein, in; Rapports de lieu, de temps, d'origine, de société,
                    de profession, d'office ; qui a la propriété, la
                    vertu de la chose exprimée en la racine :
                    Rom-ain, *napolit-ain*, *idum-éen*, *vend-éen*, *cartés-*
                    ien, *pruss-ien*, *égypt-ien*, *dev-in* ; *cert-ain*,
                    river-ain, *ser-ein*, *blond-in*, *div-in...*

Aine ;   Le nombre approximatif de la quantité exprimée par
                    le mot racine, quand il est précédé de *une* ; le
                    nombre exact, quand il est précédé de *la* :
                    Une dix-aine, *une douz-aine*, *une cent-aine* ;
                    La dix-aine, *la douz-aine*, *la cent-aine...*

Aire ;   Produit de la chose exprimée par le radical :
                    Agr-aire, *consul-aire*, *élément-aire*, *imagin-aire*,
                    insul-aire, *salut-aire*, *anivers-aire*, *annu-aire*,
                    annul-aire, *dictionn-aire*, *pensionn-aire*, etc.

Ais, ois ;   Les noms de peuples :
                    Franç-ais, *Angl-ais* ; *Suéd-ois*, *Dan-ois*, *Hongr-*
                    ois...

Al, el ;   Persistance, développement de la qualité indiquée
                    par le substantif; ce qui a rapport à la chose
                    exprimée par le radical :
                    Brut-al, *voc-al*, *lég-al*, *conjug-al*, *frug-al*,
                    proverbi-al, *cordi-al*, *initi-al*, *trivi-al*, *jovi-al*,
                    origin-al; *origin-el*, *ré-el*, *superfici-el*, *matéri-*
                    el, *essenti-el*, *crimin-el*, *étern-el...*

An ;   Qui est originaire, qui vient de la chose exprimée
                    par le radical :
                    Musulm-an, *anglic-an*, *ottom-an*; *pays-an*, *artis-an.*

Ance , ence de *ens* qui La force, la tenacité de l'action indiquée par le
   est   verbe :

> *Souven-ance*, *magnific-ence*, *innoc-ence*, *convalesc-*
> *ence*, *cad-ence*, *espér-ance*, *concurr-ence*,
> *absc-ence*...

Ande , ende ;   Ce qu'il faut faire, ce qu'on fait pour une destination
                 marquée :

> *Réprim-ande*, *vi-ande*, *multiplic-ande*; *préb-ende*,
> *divid-ende*...

Ant, ent ;   Annonce l'existence forte et actuelle de l'action mar-
                quée par le radical :

> *Languiss-ant*, *vac-ant*, *ascend-ant*, *ignor-ant*,
> *descend-ant*, *élég-ant*, *arrog-ant*, *vigil-ant*,
> *inst-ant*, *brill-ant*; *clém-ent*, *prud-ent*, *néglig-*
> *ent*, *cli-ent*, *perman-ent*...

Aque ;   Qui tient, qui vient, qui dépend de la chose ex-
                primée par la racine :

> *Démoni-aque*, *mani-aque*, *syri-aque*; *élégi-aque*...

Ard ;   Disposition naturelle, innée à faire l'action marquée
                par le radical :

> *Mus-ard*, *mouch-ard*, *pend-ard*, *campagn-ard*,
> *montagn-ard*, *poign-ard*, *fuy-ard*, *braill-ard*,
> *vieill-ard*, *nazill-ard*...

Arche, arque ; Qui a le pouvoir, la suprématie :
> *Patri-arche*, *mon-arque*...

As ;   Assemblage, amas confus, figure grossière des
                choses exprimées isolément en la racine :
> *Am-as*, *plâtr-as*, *fatr-as*, *cervel-as*, *t-as*...

Asse ;   Augmentative prise en mauvaise part :
> *Philosoph-asse*, *savant-asse*, *homm-asse*, *paper-asse*.

At ;   État, profession, qualité, permanence dans la
                position indiquée par le radical :
> *Avoc-at*, *candid-at*, *certific-at*, *opi-at*, *prél-at*,
> *chocol-at*, *clim-at*, *prim-at*, *attent-at*, *comb-at*,
> *déb-at*...

Ation; État, action transitoire du verbe :
Débilit-ation, *fond-ation*, *promulg-ation*...

Atre; Quelque chose de dur, de sauvage ; qui tire sur la
couleur, la saveur exprimée par le mot racine :
Mar-âtre, *acari-âtre*, *gentill-âtre*; *jaun-âtre*;
rouge-âtre, *noir-âtre*, *verd-âtre*, *saum-âtre*...

Au ; Ce qui sert à la pratique, à l'usage, à l'emploi de
la chose exprimée par la racine; diminutive et
augmentative du mot racine :
Barre-au, *bure-au*, *écrite-au*, *fourre-au*; *solive-*
au, *fourne-au*, *tombe-au*...

Aud; Augmentatif, préjoratif :
Mar-aud, *rig-aud*, *bad-aud*, *ng-aud*, *sal-aud*,
fin-aud...

Ber ; Avoir : *Exhi-ber*, *prohi-ber*...

Bulé; Diminutif : *Mandi-bule*, *vesti-bule*, *concilia-bule*,
pati-bule...

Cée ; De l'ordre, de la famille de :
Urti-cées, *herbac-ées*, *rubia-cées*...

Cher, quer ; La force, la répétition :
Tri-cher, *cher-cher*, *abdi-quer*, *revendi-quer*...

Cide; Qui tue :
Déi-cide, *homi-cide*, *infanti-cide*, *régi-cide*,
tyranni-cide, *parri-cide*, *frâtri-cide*, *sui-cide*...

Cule; Diminutif :
Fébri-cule, *pelli-cule*, *parti-cule*, *folli-cule*, *clavi-*
cule, *corpus-cule*, *monti-cule*, *animal-cule*...

E; Les objets du genre féminin :
Rob-e, *mouch-e*, *trui-e*...

É; Qualité exprimée par le substantif :
Piti-é, *plomb-é*, *mur-é*, *clou-é*, *procéd-é*...

Éo ; L'assemblage, la réunion de plusieurs choses en
un tout; le contenu, la longueur :
Ram-ée, *aiguill-ée*, *jet-ée*, *tourn-ée*, *journ-ée*,
ann-ée...

Elle ;   Diminutif :

     Citad-elle, escab-elle, soutan-elle, ombr-elle, bagat-elle, parc-elle...

Eme ;   Le superlatif, le plus haut degré ; qui vient au rang indiqué par la racine :

     Supr-ême, extr-ême, bl-ême ; quatri-ème, soixant-ième, centi-ème...

En ;   Voyez *ain*.

Ence ;   Voyez *ance*.

Ende ;   Voyez *ande*.

Er, ère, ier, ière ;   Ce qui contient, ce qui renferme les choses exprimées par le mot racine :

     Verg-er, poulaill-er, monast-ère, gib-ier, gés-ier, sucr-ier, herb-ier, cafet-ière, glac-ière...

     Ce qui sert, ce qui est utile à la chose exprimée en la racine :

     Oreill-er, embarcad-ère, coll-ier, doss-ier, lev-ier, bann-ière, cot-ière...

     Famille, genre, groupe, espèce d'arbres dont le fruit est exprimé par la racine :

     Abricot-ier, ceris-ier, ros-ier, amand-ier, pomm-ier...

     L'action indiquée par le radical :

     Cuirass-er, anim-er, mani-er...

Ère ;   Voyez *aire, er*.

Er, ir ;   Voyez *iste*.

Erie, rie ;   Les arts mécaniques :

     Verr-erie, imprim-erie, maçonn-erie...

     Leurs produits, les lieux de leur exercice ; les lieux destinés à certaines professions, à certains usages :

     Bouche-rie, berge-rie, buande-rie, pénu-rie...

     Certaines choses relatives à l'art de la guerre :

     Artill-erie, mousquet-erie, cheval-erie, caval-erie, infant-erie...

Certaines sortes de qualités, de traits, d'actions :
Rêv-erie, *étourd-erie*, *rou-erie*, *escobard-erie*, *idolât-rie*...

Toutes sortes d'ouvrages, de marchandises :
Quincaill-erie, *argent-erie*, *marquett-erie*, *rouenn-erie*, *merc-erie*, *rubann-erie*...

Esque ; Annonce le développement exagéré de la qualité marquée par le radical :
Grot-esque, *burl-esque*, *soldat-esque*, *tud-esque*, *chevaler-esque*...

Esse (*), isse ; Personnification, substantification du radical :
Sag-esse, *soupl-esse*, *princ-esse*, *tendr-esse*, *fin-esse*, *python-isse*...

Et, ette ; Ce qui est, ce qui vient de la chose exprimée par la racine ; la diminution, la petitesse :
Bracel-et, *corsel-et*, *sonn-et*, *banqu-et*, *buff-et*, *val-et*, *cloch-ette*, *maison-ette*, *tabl-ette*, *femmel-ette*, *fleur-ette*...

Etude, itude ; L'existence physique ou morale des choses, l'état ou la manière propre :
Mansu-étude, *désu-étude ; sol-itude*, *ingrat-itude*, *prompt-itude*, *béat-itude*...

Eur ; Possession de la qualité ou la qualité même indiquée par le radical ; il désigne des agents :
Ambassad-eur, *inféri-eur*, *taill-eur*, *gouvern-eur*, *torp-eur*, *err-eur*, *sénat-eur*, *splend-eur*, *od-eur*, *rigu-eur*, *coul-eur*, *clam-eur*...

Eux ; Possession de la qualité marquée par le radical :
Doucer-eux, *bulb-eux*, *hasard-eux*, *hid-eux*, *audaci-eux*, *spaci-eux*, *mélodi-eux*, *génér-eux*, *glori-eux*...

Fère ; Qui porte : *Somni-fère*, *cruci-fère*, *mammi-fère*...

Fide ; Fendu : *Bi-fide*, *tri-fide*, *multi-fide*...

_____

(*) Fl. Joseph dit (ch. 1er.) que les Hébreux donnaient à la femme le nom d'*Issa*.

Fier ;	Faire, rendre tel, devenir : *Noti-fier*, *sancti-fier*, *tumé-fier*, *raré-fier*, *torré-fier*, *falsi-fier*, *spéci-fier*, *cruci-fier*, *signi-fier*, *déi-fier*...
Fique ;	Faire : *Magni-fique*, *sopori-fique*, *sudori-fique*, *spéci-fique*, *paci-fique*...
Fler ;	Quelque chose du verbe *souffler* : *Souf-fler*, *fler* sous; *en-fler*, *gon-fler* pour *con-fler*, *fler* avec force...
Frage ;	Qui brise : *Nau-frage*, *suf-frage*...
Frice ;	Qui frotte : *Denti-frice*...
Fuge ;	Qui fuit, qui chasse : *Centri-fuge*, *fébri-fuge*, *vermi-fuge*...
Ger ;	Une action faible, légère : *Diri-ger*, *soula-ger*, *proté-ger*...
Guer ;	Une action forte, constante : *Promul-guer*, *divul-guer*...
Gner ;	Quelque chose de rude, de pénible, de compliqué dans l'action : *Répu-gner*, *rechi-gner*, *égrati-gner*...
Gramme ;	Trait, caractère, dessin, peinture, lettre : *Gramme*, *mono-gramme*, *pro-gramme*, *dya-gramme*...
Graphie, graphe, effe;	Description, écriture : *Calli-graphie*, *lexico-graphie*, *caco-graphie*, *géogra-phie*, *litho-graphie*, *topo-graphie*, *hydro-graphie*, *ortho-graphe*, *para-graphe*, *oto-graphe*, *parophe* ou *parafe*, *gr-effe*, *gr-effier*...
I ;	Existence actuelle, fait accompli, passé, de la chose exprimée en la racine : *Établ-i*, *oubl-i*, *pl-i*, *ennem-i*, *apprent-i*...
Ible ;	Voyez *able*, dont l'euphonie interdisait l'emploi...
Ice, itius, itie, itia ;	Qui possède la qualité, qui est, qui forme l'essence du radical : *Mal-ice*, *pol-ice*, *avar-ice*, *capr-ice*, *just-ice*,

serv-ice , *ind-ice*, *fondatr-ice* , *actr-ice* , *inventr-ice* , *calv-itie* , *impér-itie*...

Ide ;   Qui manifeste, qui possède la manière d'être indiquée par le substantif ; qui descend d'un père, partant , comme appellation :

Morb-ide , *ac-ide* , *luc-ide* , *sol-ide* , *tim-ide* , *rap-ide* , *intrép-ide* , *stup-ide* , *sord-ide* , *rig-ide* ; *atr-ides* , *arsac-ides* , *seldjouc-ides*...

Ie ;   Ce qui est ainsi, tel, avec telle qualité ou dans tel état :

Inert-ie , *fol-ie* , *jalous-ie*...

Ien ;   Qualité permanente du corps et de l'esprit annoncé par le radical :

Ind-ien , *paris-ien* , *norwég-ien* , *platonic-ien* , *logic-ien* , *académic-ien* , *magic-ien* , *histor-ien*, *chrét-ien*...

Ier ;   La force , l'habitude, la valeur , la puissance , le métier :

Guerr-ier , *grimac-ier* , *casan-ier* , *tracass-ier* , *serrur-ier* , *chaudronn-ier*...

If ;   *Ivus* des latins, du sanscrit *iva* (semblable à), d'où la préposition *iva*, comme , ainsi : annonçant la qualité marquée par le mot racine :

Expédit-if, *décis-if*, *v-if*, *na-if*, *persuas-if*, *corros-if*, *act-if*, *posit-if*, *capt-if*...

Ifice , fice ;   Une chose faite ou à faire :

Art-ifice , *éd-ifice* , *sacr-ifice* , *or-ifice* , *of-fice* , *béné-fice* , *malé-fice*...

Ile ;   Voyez *able*...

Ille ;   Une quantité de petites choses, la petitesse :

Charm-ille ; *fauc-ille* , *peccad-ille* , *aigu-ille* , *fam-ille*...

Iller, ailler ;   Une quantité, une fréquence de petites choses ; *ailler* exprime de plus une idée de mépris :

Saut-iller, *éparp-iller*, *cri-ailler*...

Ime, issime;	Le superlatif, le plus haut degré : *Subl-ime, int-ime; rich-issime, général-issime...*
Imer;	Enlever, ôter : *Déc-imer...*
Ion, on;	Le résultat de l'action marquée par le radical; la qualité des choses faites pour, d'être : *Contag-ion, relig-ion, rebell-ion, un-ion, champ-ion, explos-ion, invas-ion; moiss-on, boiss-on ;.*
In, ine;	Diminutif de la chose exprimée par la racine, ce qui en vient, ce qui en dérive : *Diablot-in; aquil-in, mascul-in, fémin-in, brigant-in, libert-in, carab-ine, mach-ine, discipl-ine, fam-ine, mar-ine, doctr-ine...*
Ique (*icum*), (*licum*);	tique Participant de la qualité du radical : *Goth-ique, cub-ique, spasmod-ique, stomach-ique, métall-ique, phoné-tique, rus-tique, luna-tique...*
Is;	Amas, multitude confuse de choses exprimées par la racine : *Abatt-is, arrach-is, fouill-is, hach-is, tam-is...*
Ise;	Nature, condition, propriété, habitude de la chose exprimée par la racine : *Convoit-ise, gourmand-ise, fainéant-ise, sott-ise.*
Iser;	L'action marquée par le substantif : *Volatil-iser, réal-iser, fertil-iser, ridicul-iser, indemn-iser, canon-iser, divin-iser, herbor-iser...*
Isme;	Un système ou une doctrine particulière; telle manière de sentir, de penser; l'affectation, l'excès de la chose : *Christian-isme, mahomét-isme, ostrac-isme, soléc-isme, gallic-isme, héro-isme, patriot-isme; idiot-isme, pur-isme...*
Iste;	Celui qui fait l'action marquée par le substantif; qui a rapport, qui tient à la chose exprimée en la racine :

Pur-iste, carl-iste, dé-iste, journal-iste, royal-iste, fabul-iste...

Er , ier ;   Un état purement manuel :

Boulang-er, bouch-er, charret-ier, serrur-ier...

It , us, ut, ot, oté ; Êtat, qualité, profession ; ce qui est fait, accompli , fini ; ce qui fait :

Acqu-it ; gran-it ; bloc-us, cal-us ; attrib-ut ; grél-ot, manch-ot ; bouill-ote, men-ote...

Ité ;   Le plus haut degré de puissance annoncée par le radical :

Capac-ité, rapac-ité, vivac-ité, solid-ité, absurd-ité, libéral-ité, sensibil-ité, connex-ité...

Ive ;   Ce qui sert, ce qui est utile, qui a rapport à l'activité de la chose exprimée en la racine :

Alternat-ive, conv-ive, sal-ive...

Lent ;   Fléchi, abondant :

Corpu-lent, turbu-lent, viru-lent, sanguino-lent, vio-lent, opu-lent, succu-lent...

Lége ;   Prendre :

Col-lége, privi-lége, sacri-lége, sorti-lége...

Logie ;   Discours, digression :

Ana-logie, généa-logie, géo-logie, physio-logie, mytho-logie...

Logue ;   Qui disserte, parle, écrit :

Idéo-logue, philo-logue, astro-logue, cata-logue.

Mane ;   Qui a la manie :

Biblio-mane, anglo-mane, métro-mane...

Nome ;   Qui ordonnance, dispose ; qui suit la loi, la règle :

Astro-nome, agro-nome, éco-nome...

Oi ;   Existence actuelle, fait accompli, passé de la chose exprimée par la racine :

Al-oi, beffr-oi, empl-oi, conv-oi...

Oir ;   Posséder : *Concev-oir, percev-oir, dev-oir...*

Oïde ;   Qui a la forme indiquée par le radical ; de *rhéo*, couler :

Rhomb-oïde, cycl-oïde, sphér-oïde, con-coïde, hér-oïde, hémorr-oïde...

Oir, oire ;   Relatif à l'agent du radical :

Dort-oir, hist-oire, gl-oire, mém-oire, purgat-oire, réfect-oire, illus-oire, déris-oire, territ-oire...

Ole ;   Diminutif de la chose exprimée par le radical :

Bander-ole, babi-ole, févr-ole, farib-ole...

On ;   Ce qui sert, ce qui est utile, qui a rapport à l'activité de la chose exprimée en la racine :

Postill-on, boiss-on, bouch-on, harp-on, front-on, ceintur-on...

On ;   Diminutif de la chose exprimée en la racine :

Négrill-on, manch-on, clochet-on, moucher-on, sauciss-on...

Ond ;   L'abondance, la fertilité, la profusion, l'excès :

Furib-ond, féc-ond...

Ot, ole, otte ;   Ce qui est répété à petits coups ; petitesse, morceau de la chose exprimée en la racine :

Angel-ot, poul-ot, marm-ot, chari-ot, rab-ot ; cal-ole, fièvr-ote ; gibel-otte, men-otte, vieill-otte, charl-otte. Qui aime, qui prend soin :

Patri-ote, cypri-ote...

Ouiller, ouille ;   Une action ou un état de choses précipité, pur, distinct, vicié ; ressemblance confuse :

Bred-ouiller, farf-ouiller, barb-ouiller, grib-ouiller, and (viande)-ouille, citr-ouille, patr-ouille...

Our ;   Désinence des agents : *Vaut-our, am-our...*

Pathie ;   Affection : *Sym-pathie, a-pathie, anti-pathie...*

Phage ;   Qui mange :

OEso-phage, sarco-phage, anthropo-phage...

Quin ;   Diminutif ; peut être pris en bonne ou mauvaise part ; c'est le *chen*, *petit* des Allemands et le *che* des Flamands :

Pé-quin, *fa-quin*, *co-quin*, *brode-quin*...

Re ; Désinence des agents :

Chamb-*re*, *nomb-re*, *marb-re*, *sob-re* ; *cid-re*, *arbit-re*...

Ste, este ; Etre, se tenir :

Ju-ste, *augu-ste*, *agr-este*, *mod-este*...

Te ; État, qualité, manière d'être, ce qui vient, ce qui est formé de la chose exprimée par la racine...

Condui-te, *réussi-te*, *sui-te*, *visi-te*...

Té ; L'action puissante du radical :

Bon-té, *beau-té*, *sainte-té*, *gaî-té*, *pié-té*, *sobrié-té*, *liber-té*, *royau-té*, *nouveau-té*...

Ter ; La réitération, la fréquence : *Agit-er*...

Tum, ton ; Le résultat d'une action :

Fac-tum, *facto-tum*, *dic-ton*...

Ue ; Ce qui a la forme, la manière d'être, la propriété de la chose exprimée en la racine :

Corn-ue, *cr-ue*, *étend-ue*, *stat-ue*...

Ule ; Diminutif :

Form-ule, *cell-ule*, *glob-ule*, *gland-ule*...

Ure ; Désinence du nom abstrait représentant l'action résultant de la chose indiquée par le radical :

Créat-ure, *déchir-ure*, *arm-ure* ; *conject-ure*, *capt-ure* ; *rogn-ures*, *racl-ures*, *balay-ures*, *épluch-ures*...

Urge ; Qui fait, péjoratif : *Dramat-urge*, *thaumat-urge*...

Vore ; L'acte ou l'action de manger, l'habitude, le goût de cette action :

Carni-vore, *frugi-vore*, *herbi-vore*...

DES PRÉFIXES.

La valeur des *initiatifs* ou *préfixes* donne la véritable acception du mot composé, et son orthographe scientifico-phonétique ou mixte pour le français, l'anglais, l'allemand: l'orthographe des autres nations est purement phoné-tique et celle-ci est à la fois la plus sage et la plus facile; car, comme l'a dit M. Bergmann, une orthographe éty-mologique parfaite est le résultat des plus hautes études philologiques.

Plusieurs des préfixes subissent des permutations de lettres, suivant la nature de la consonne du radical. Ainsi, l'initiatif *ad* change *d* en *c, g, l, p, r, s, f, t* lorsque le radical devant lequel il est placé commence par l'une de ces consonnes; au lieu de *ad-coler*, *ad-graver*, *ad-noter*, *ad-lier*, *ad-ranger*, *ad-poser*, *ad-servir*, *ad-firmer*, *ad-trouper*, on dit : *ac-coler, ag-graver, an-noter, al-lier, ar-ranger, ap-poser, as-servir, af-firmer, at-trouper*; quelquefois même le redoublement de la consonne initiale ou le changement de la consonne terminale du pré-fixe n'a pas lieu, comme dans *a-scencion*, *a-boutir*, mis pour *ad-scencion*, *ad-boutir*.

Des modifications analogues ont eu lieu dans les préfixes *in, com, ob, sub*; d'autres fois même les consonnes du même ordre s'échangent entre elles : la douce devient forte, la forte devient douce, etc.; ainsi, *b* se change en *v* dans *av-orter*, *av-orton*. *M , n*, que tous les peuples ont placés l'un près de l'autre s'échangent aussi très naturellement : *con-nu*, pour *com-nu*. En général l'euphonie est la seule loi de ces suppressions ou de ces conversions, ou de la conservation des lettres étymologiques; ainsi *dis* conserve *s* dans *dis-créditer*, *dis-joindre*, *dis-poser*, *dis-séquer*, *dis-traire*, etc.; il le change en *f*, dans *dif-férer*, *dif-famer*, *dif-ficile*, *dif-férence*, tandis qu'il le perd devant les radicaux commençant par *g*, *l*, *m*, *r* : *di-gérer*, *di-lapider*, *di-minuer*, *di-riger*, etc., qui seraient tous fort durs à l'oreille, s'il en était autrement.

Il en est de même des préfixes suivants : *ex* change *x* en *f* devant *f* : *ef-ficiant*, *ef-fet*, *ef-ficace*, *ef-fronté*; il fait perdre *s* au radical, quand il est placé devant *e* ou *a* : *exécuter*, *ex-altation*, au lieu de *ex-sécuter*, *ex-saltation*, si toutefois *ex-altation* ne vient pas de *ex-alt-us*, de même que *ex-hausser*.

Dans *in*, *en*, le *n* se change en *l*, *m*, *r*, *g*, ex.: *il-lusion*, *il-légitime*, *il-lustration*; *im-berbe*, *im-mense*, *im-portation*, *ir-rigation*, *em-bouchure*, *em-piéter*, *em-mailloter*, *ig-noble*.

Ob change *b* en *p*, *c*, *f* devant les mots qui commencent par ces consonnes : *op-position*, *of-frir*, *oc-cuper*; il change *b* en *s*, *os-tentation*, *os-tensoir*; il perd quelquefois *b*, *o-mettre*, *o-mission*.

Dans *sub*, le *b* s'assimile à la consonne qui le suit; exemples : *suc-cinct*, *suc-comber*, *suf-fire*, *suf-foquer*, *souf-frir*, *sup-poser*, *sup-porter*...

Syn change *n* en *l* dans *syl-labe*, *syl-logisme*; en *m* devant *p*, *b* *sym-phonie*, *sym-bole*; en *s* devant *s*, *sys-sacrosse*, et perd *n* comme dans *sy-zigie*, *sy-métrie*...

De suivi d'une voyelle prend *s* euphonique et l'accent aigu, *dés-habiller*, *dés-honorer*.

E prend *s* devant *s*, *es-soufflé*, *es-suyer*.

Telles sont les altérations amenées soit par l'euphonie, soit par la circulation des mots d'un peuple chez un autre.

Valeur des préfixes.

A ;	L'a privatif est fréquent dans les mots composés, en Hébreu, Arabe, Sanscrit, Persan, Grec, Latin, et dans les langues de l'Europe : *A-n-archie*, *n* euphonique; *A-thée*, sans Dieu...
Ab, a ;	Source, origine (racine tudesque) : *Ab-rupt*, *as-sourdir*, *a-lourdir*, *ab-alourdir*, *ab-assourdir*, *a-bâtardir*, *a-battoir*, *a-bonnement*, *a-bord*, *a-bout*, *a-boutir*, *a-brutir*...
Abs ;	Séparation, privation, exclusion : *Abs-tême*, *s'abs-tenir*, *ab-roger*, *ab-sorber*, *ab-user*, *ab-erration*.
Ad ;	Voisinage, proximité, tendance. La consonne se supprime comme dans *a-monceler*, *a-muser*, *a-mollir*, *a-vocat*, *a-jouter*, *etc.*, ou se change en la consonne initiale du mot qui précède : *Af-fermir*, *ag-graver*, *ag-glomérer*, *ac-cueillir*, *ac-quérir*, *al-léger*, *an-noter*, *ap-porter*, *ar-ranger*, *as-pirer*, *at-tirer*, *as-souvir*...
Amb ;	Marque la réunion, la rondeur; autour, deux : *Amb-itionner*, *am-puter*, *amb-igu*, *amb-e*...
Amphi ;	De, touchant, environ, autour, doublement : *Amphi-bie*, *amphi-théâtre*...
Ana ;	Répétition, réduplication, mouvement de bas en haut : *Ana-baptiste*, *ana-chorète*, *ana-lyse*, *ana-chronisme*...
Anté, anti ;	Avant, devant; marque la priorité d'ordre, de rang : *Anté-cédent*, *anté-diluvien*, *anti-chambre*, *avant-ager*...
Anté, anti ;	Contre, opposé : *Anti-dote*, *anté-christ*...
Apo, ap ;	Absence, privation, éloignement : *Apo-stat*, *apo-logue*, *apo-gée*, *ap-hélie*...
Archi ;	Primauté, prééminence, à la tête : *Archi-tecte*, *arch-ange*, *arch-évêque*...

Archi ;	Ancien : *Archi-ves*, *arché-ologie*...
Aristo ;	Grand : *Aristo-crate*...
Auto ;	Soi-même : *Auto-mate*, *auto-psie*, *auto-graphe*, *auto-chtone*...
Ba ;	Profondeur, tendance en bas, avilissement: *Ba-beurre*, *ba-fou-er*, *de-ba-gouler*, *ba-garre*, *ba-se-ule*...
Béné, ben;	Bien : *Béné-vole*, *bén-ir*...
Bis, bi , ba ;	Deux, deux fois : *Bis-aïeul*, *bis-aigüe*, *bis-cuit*, *ba-lance*...
Ca ;	Petite : *Ca-hute*, *ca-jute*, *ca-fard*, *ca-jol-er*...
Caco;	Mauvais : *Caco-logie*, *caco-graphie*, *caco-phonie*, *caco-chyme*...
Cata, cat;	Contre, dessus, dessous, au-dessus, de haut en bas : *Cata-combes*, *cat-holique* (tout, de haut en bas, au-dessus de tout).
Circum;	Autour : *Circon-scrire*, *circu-ler*, *circu-it*...
Cis, cit;	Deçà, en-deçà : *Cis-alpin*, *cit-érieur*...
Clam , clan;	En secret, à l'insu, serrer, *Clan-destin*, *clé*, *clot-trer*, *clou-er*, *cla-pier*, *cla-pir*...
Cum;	Avec, ensemble, donne plus de force aux mots qu'il commence : *Com-battre*, *con-courir*, *con-sonne*, *col-loque*, *cor-respondre*, *co-opérer*...
Contra ;	Opposition : *Contra-dict-ion*, *contr-act-ion*, *contre-faire*, *contro-verse*...
Dé, dis, di;	Renversement, anéantissement, contradiction, opposition, négation, dispersion : *Dé-composer*, *dé-crier*, *dé-peindre*, *dé-courager*, *dé-s-affection*, *dé-s-agrément*, *dé-barquer*, *dé-teler*, *dé-tacher*, *dé-s-honorer*, *di-f-famer*, *dis-courir*, *dis-corde*, *di-vertir*...
Di ;	Deux, diviser en deux : *Di-phtongue*, *di-plome*.
Dia ;	Par, à travers, entre, de : *Dia-logue*, *dia-mètre*.
Em, en;	L'action indiquée par le substantif ou l'adjectif : *Em-baumer*, *em-barquer*, *em-bellir*, *en-courager*, *en-richir*...

Esc, sc, éch;	Mouvement dans le sens de monter et de descendre, de tendance vers : *Esc-arpé*, *esc-alade*, *esc-armouche*, *adol-esc-ence*, *phosphor-esc-ence*, *o-sc-iller*, *éch-elle*, *éch-afaud*...
Ex, é;	Extraction, éloignement, séparation : *Ex-humer*, *ex-haler*, *ef-fet*, *ef-ficient*, *é-voquer*, *é-garer*, *é-battre*...
Epi, éph, év;	Sur, dans, vers, pour, de : *Épi-démie*, *épi-gramme*, *éph-émère*, *év-êque*...
Ec, ég;	De, en dehors : *Ec-lipse*, *ég-logue*...
Equi;	Égalité : *Équi-valent*, *équi-latéral*...
Eu, év;	Bien, bon : *Eu-charistie*, *Év-angile*...
Extra;	Hors, outre, excepté : *Extra-ordinaire*, *extr-insèque*, *étr-ang-er*, *exter-ne*, *extér-ieur*...
Hémi, mi;	Demi, moitié : *Hémi-sphère*, *mi-graine*...
Hétéro;	Autrement : *Hétéro-doxe*, *hétéro-gène*...
Homo;	Simultanéité, identité : *Homo-gène*, *homo-phone*.
Hyper;	Sur, au-delà, au-dessus, excès, supériorité, *hyper-bole* qui jette, qui pousse au-delà...
Hypo;	Sous, dessous, au-dessous : *Hypo-thèse*, *hypo-gée*.
In;	Négation changée quelquefois en en, em, enn, en, il ou ir devant un r ou un l; non, en, dans, contre : *In-actif*, *in-voquer*, *im-modeste*, *im-porter*, *il-lisible*, *il-luminer*, *en-n-emi*, *en-flammer*, *em-brasser*, *ir-réligieux*, *ir-ruption*.
Infer;	Sous : *Infér-ieur*, *enfer*...
Inter;	Entre parmi, dans, en dedans : *Inter-venir*, *intel-ligence*, *intr-insèque*, *intro-duire*, *entr-er*, *entre-vue*...
Juxta;	Proche : *Juxta-poser*, *juxta-position*..;
Malé;	Mal, défaut : *Malé-fice*, *mal-verser*, *mal-propre*.
Mau, mé;	Privation, éloignement, contrariété : *Mau-dire*, *mé-content*, *mé-compte*, *mé-priser* : *mé-s-aventure*, *mé-s-estimer*, *mé-s-allier*...
Méta, mét;	Autrement, au-delà : *Méta-morphose*, *mét-hode*...

7.

Mono, mon ;   Un : *Mono-syllabe*, *mon-arque*...

Multi ;   : Beaucoup : *Multi-flore.*, *multi-plier*...

Non, ne ; neg, ni ; Non : *Non-chalant*, *ne-utre*, *nég-ligent*, *ni-er*...

Ob ;   A cause, devant, en face ; en devant ; et marque
                     quelquefois l'opposition : *Ob-é-ir*, *ob-long*, *op-
                     poser*, *of-frir*, *oc-cident*, *os-tentation*, *o-mettre*.

Palin ;   De nouveau : *Palin-odie*...

Pan ;   Tout : *Pan-orama*, *pan-théisme*, *pan-théon*...

Par, per ;   Augmente la signification et équivaut à très, fort,
                     beaucoup : *Par-fait*, *per-sécuter*, *per-vertir*,
                     per-forer :

Para ;   A côté, proche, au-delà, contre : *Para-doxe*,
                     par-odie, *par-onyme*, *par-oisse*...

Pauci ;   Peu : *Pauci-flore*, *pauci-radiée*...

Pén ;   Presque : *Pén-ultième*, *pén-ombre*, *pén-insule*...

Péri ;   Autour : *Péri-ode*, *péri-mètre*...

Poly ;   Plusieurs : *Poly-technique*, *poly-gone*...

Post ;   Ensuite, derrière : *Post-érité*, *post-hume*...

Pré, pri ;   Priorité de temps ou de rang, antériorité, supé-
                     riorité : *Pré-voir*, *pré-ambule*, *pré-dire*, *pré-
                     curseur*, *pré-disposer*, *pré-établir*, *pri-m-eur*,
                     pri-or-ité, *pri-m-ordiale*....

Prétér ;   Excepté, outre, au-delà : *Prétér-it*, *prétér-ition*.

Pro, pour, por ;   Progression, avancement, diffusion ; pour, au mi-
                     lieu de, au loin, avant, devant : *Pro-duit*, *pro-
                     jet*, *pro-longer*, *pro-cureur*, *pro-motion*, *pro-
                     fane*, *pru-dent*, *pour-suivre*...

Prop, proch ;   Près, auprès de : *Prop-ice*, *proch-ain*...

Ra, re, ri, r ;   Réduplication, réitération, augmentation, opposi-
                     tion, intensité, très, beaucoup : *Ra-jeunir*,
                     re-monter, *re-gagner*, *ré-itérer*, *re-s-sentir*, *ri-
                     poster*, *r-animer*, *r-assurer*, *r-appeler*...

Rari ;   Rare : *Rari-flore*, *raré-fier*...

Rétro ;   En arrière : *Rétro-grader*, *rétro-actif*, *rétro-spectif*.

Satis, sati, sat ;   Assez : *Satis-faire*, *sati-été*, *sat-urer*...

Se ; Distraction, mise à part, éloignement : *Sé-duire*, *secret*, *sé-jour*, *se-vrer*, *sé-questre*, *se-couer*...

Sémi, sen ; Demi : *Sémi-preuve*, *sen-tier* (demi-chemin)...

Méri, moi, mi ; Demi : *Méri-dien*, *moi-tié*, *mi-lieu*, *mi-di*...

Simul, simil, sem ; Ensemble : *Simul-tané*, *simil-itude*, *sem-blable*...

Sim, sin ; Sans : *Sin-cère*, *sim-ple* (sans cire, sans pli)...

Soli ; Un : *Soli-loque*, *sol-itaire*, *sol-itude*...

Sub ; Sous, au-dessous, infériorité, subordination, amoindrissement : *Sub-merger*, *sub-ir*, *sub-division*, *suc-comber*, *suc-cube*, *sug-gérer*, *suf-fire*, *sup-porter*, *sou-tenir*, *sous-diacre*.

Subter ; Par-dessous : *Subter-fuge*...

Super, sur, sus ; Supériorité, agrandissement : *Super-ficie*, *sur-abondance*, *sur-humain*, *sur-nom*, *sur-veiller*, *sur-charge*, *sus-pendre*, *sus-cription*, *sus-dit*...

Sym ; Réunion, union, collection : *Sym-bole*, *syn-agogue*, *syn-chronisme*, *syn-ode*, *syn-optique*, *syn-taxe*, *syl-labe*, *sym-étrie*...

Télé ; L'éloignement, le lointain : *Télé-graphe*, *télé-scope*, *télé-o-logue*...

Trans, tra, tré ; Au-delà, par-delà, d'un lieu ou d'un état à un autre : *Trans-porter*, *trans-alpin*, *trans-percer*, *trans-crire*, *tra-vestir*, *tra-fic*, *tré-passer*...

Tré, tri ; Trois fois, jusqu'à trois fois, très : *Tré-bucher*, *tre-s-saillir*, *tré-mousser*, *in-tri-guer*...

Ult, outre ; De l'autre côté, plus avant, au-delà : *Ult-érieur*, *outre-mer*, *outr-er*...

Uni, un ; Ensemble : *Uni-forme*, *un-ir*...

Duo, du, dou ; Deux : *Duo-denum*, *du-plicature*, *du-plicité*, *dou-ze*, *dou-ble*...

Tri, tré, ter ; Trois : *Tri-dent*, *tré-pied*, *ter-cet*, *tres-sc*...

Quatri, quadra, quator ; Quatre : *Quatri-ème*, *quatri-ennal*, *quadra-ture*, *quator-ze*...

Quinque, quin, cin ; Cinq : *Quinqué-rème*, *quin-é*, *cin-quante*.

Sexa, sex, six, sei, | Six : *Sexa-gésime, sex-tuple, six-ain, sei-ze, soix-*
soix; | *ante....*

Septem, septen, septu, | Sept : *Septem-bre, septen-trion, septu-ple, sept-*
sept; | *ante...*

Octo, oct; | Huit : *Octo-bre, oct-ante...*

Novem, non; | Neuf : *Novem-bre, non-ante...*

Décem; | Dix : *Décem-bre, décem-vir...*

Centu, centi; | Cent : *Centu-ple, centi-grade...*

Mono; | Un : *Mono-syllabe, mon-arque...*

Tétra; | Quatre : *Tétra-gone, tétr-arque...*

Penta; | Cinq : *Penta-gone...*

Hexa; | Six : *Hexa-gone....*

Hepta; | Sept : *Hepta-gone...*

Octo; | Huit : *Octo-gone...*

Ennéa; | Neuf : *Ennéa-gone...*

Déca; | Dix : *Déca-gone, déca-de...*

Ondéca; | Onze : *Ondéca-gone...*

Dodéca; | Douze : *Dodéca-gone...*

Hecto; | Cent : *Hecto-mètre...*

Kilo; | Mille : *Kilo-mètre...*

Myria; | Dix mille : *Myria-mètre...*

Déci; | Dixième : *Déci-mètre, di-me...*

Centi; | Centième : *Centi-mètre...*

Milli; | Millième : *Milli-mètre...*

FIN

ERRATA.

Page 9, ligne 6, au lieu de *existe*, lisez *excite*.